Sarinah Aurelia

Gespräche mit deinen Engeln Band 2

Für Engel ist es nie zu spät

Smaragd Verlag

Bitte fordern Sie unser kostenloses Verlagsverzeichnis an:

Smaragd Verlag e.K.
Neuwieder Straße 2
D-56269 Dierdorf
Tel.: 02689-92259-10
Fax: 02689-92259-20
E-Mail: info@smaragd-verlag.de
www.smaragd-verlag.de

Oder besuchen Sie uns im Internet unter der obigen Adresse und melden Sie sich für unseren Newsletter an.

© Smaragd Verlag, 56269 Dierdorf
Erste Auflage: Juni 2018
© Cover: jimlarkin - fotolia.com
Umschlaggestaltung: preData
Satz: preData
Druck: CPI books GmbH, Leck
ISBN 978-3-95531-170-4

Inhalt

Einmal Himmel bitte, die Reise beginnt

Als ich aufwache, bin ich im Himmel. Diese Wellen der Liebe, seufz, wunderschön.

Leider kann ich nicht bleiben, das ist wohl der Grund, warum ich nur zu Besuch im Himmel bin. Da sind wir nun, wir stehen uns staunend gegenüber. Die lieben Seelen staunen, weil ich nur kurz heimgekehrt bin. Ich höre ihr Raunen und kann nachfühlen, dass sie das ziemlich außergewöhnlich finden. Denn ich bin in der Geistigen Welt, ohne meditiert zu haben, krank, oder gestorben zu sein. Ich bin hellwach und mal eben so in den Himmel gereist.

Wie bin ich eigentlich hierhergekommen?, frage ich mich. „Im Traum", antwortet eine Stimme neben mir. „Du bist ziemlich schnell aufgewacht, Sarinah, und darum bist du jetzt da gelandet, wo du jede Nacht bist."

Erzengel Michael steht neben mir, und ich bin froh, dass er hier ist. Ein wenig ungewohnt ist das schon, den Himmel mit bloßen Augen zu sehen.

Ich finde, die Geistige Welt sieht ziemlich normal aus. Also nichts mit Posaunen und Engel, die auf Wolken herumspringen. Eigentlich sieht der Himmel aus wie die Erde im Idealzustand. Schön und rein, ohne störende Flugzeuggeräusche, ich höre die Natur, es ist, als wenn sie atmen würde.

Ich habe so viele Fragen, hoffentlich darf ich so lange bleiben, bis ich Antworten finde. Kaum habe ich das gedacht, bekomme ich von Erzengel Michael etwas geschenkt, was ich so noch nie gesehen habe. Der Erzengel drückt mir ein Stückchen Himmel in die Hand. „Du darfst es behalten, das Stückchen Himmel wird dich die nächste Zeit begleiten, und du darfst es füllen mit den Antworten, die du findest."

Etwas ungläubig schaue ich in meine geöffnete Hand, jemand hat das Stückchen Himmel beschriftet: „Gespräche mit deinen Engeln, für Engel ist es nie zu spät."

Ich lese den Satz immer wieder und tue es wohl ziemlich laut. Die Seelen sehen mich mit großen Augen an. Sie sind es nicht gewohnt, dass im Himmel laut gesprochen wird, wo hier doch die Kommunikation lautlos vor sich geht.

Jedoch, die Engel erschreckt meine Stimme nicht, sie lächeln weise. Nun sehe ich mir die anwesenden Engel genauer an, schließlich hat man diese Gelegenheit nicht alle Tage. Und ich frage mich, warum sie so weich sind. Vielleicht sehen sie nur so aus? Und schon strecke ich meine Hand aus, um einen der wunderschönen Engel zu berühren. Mein Gott, seidig weich... „So etwas gibt es auf der Erde nicht", entfährt es mir.

Neugierig schiele ich zu Erzengel Michael, schließlich ist er in meiner nächsten Nähe. Da darf ich doch wohl... Langsam hebe ich meine Hand, in der Hoffnung, dass ich ihn berühren darf, und dann tue ich es. Nun bin ich vollends von den Socken. Ich muss aufpassen, dass ich nicht erschrocken wirke.

Ich habe damit gerechnet, dass sich dieses seidig weiche Engel-Berührungsgefühl wiederholt. Aber nein! Erzengel Michael fühlt sich ziemlich lebendig an.

Überrascht sehe ich mir den großen Engel etwas genauer an. Er sieht aus wie ein typischer Erzengel. Das Gewand fließend und lang, lockige Haare, sein Schwert hält er lässig in der Hand. Und trotzdem fühlt er sich warm und lebendig an?!

Mmh, einer Intuition folgend, blicke ich auf das Stückchen Himmel in meiner Hand, und kaum habe ich es getan, da weiß ich es: Ja, für einen Engel ist es nie zu spät. Auch wenn ein Engel schon ein paar tausend Jahre in der Geistigen Welt seine Heimat hat, so kann er durchaus leben und schweben.

„Wie machst du das? Ich will auch!" Der Satz rutscht mir gleich danach heraus. Und wieder sieht mich Erzengel Michael mit seinen gütigen und weisen Augen an.

„Du kannst es bereits, Sarinah, sonst wärst du jetzt nicht hier. Die Welt ist nichts anderes als ein Teil des Himmels. Die meisten Menschen denken, dass wir Engel weit weg sind. Wir sind aber immer nah. Je mehr Nähe zu euch Menschen besteht, umso mehr tritt das in Kraft, was ich wirklich ein Wunder nenne. Und wenn ein Erzengel von einem Wunder spricht, dann ist es auch eins, wohl wahr.

Ich sehe in dein Herz, dein Herz weiß, von welchem Wunder ich gerade gesprochen habe, Sarinah. Dieses Wunder war lange Zeit ein Mysterium, aber nun ist es reell, reiche mir deine Hand, du wirst es fühlen."

Sein Lächeln ist mir so vertraut, und langsam, fast ehrfürchtig, nehme ich seine Hand. Sachte tasten meine Finger über seine Handinnenfläche. Seufz, was für eine wundervolle Energie. Während ich die Linien in seiner Hand nachzeichne, fängt Erzengel Michael plötzlich an zu lachen. Er ist kitzelig? So, wie wir Menschen auch?

„Hast du dich über die Jahrtausende verändert, oder warst du schon immer so?" Als die Frage heraus ist, fällt mir auf, dass sich das ziemlich respektlos anhört. Aber Erzengel Michael versteht mich, er weiß, dass ich immer in knappen Sätzen spreche, wenn ich aufgeregt bin.

„Wir Engel sind seit jeher lebendiger, als die Menschen glauben. Allerdings sind wir in den letzten Jahren durch den Aufstieg der Menschheit in den Genuss gekommen, zu fühlen. Dadurch entstand unser neues Kleid, oder, besser gesagt, unser Lichtkörper füllte sich mit Leben. Was du vorhin in meiner Hand gespürt hast, ist himmlisches Leben. Wie empfindest du dabei?"

Es hat schon was, einen Erzengel anfassen zu können, vor allem empfinde ich dabei diese süße Liebe, die es auf der Erde kaum gibt. Die unendliche Liebe, es gibt nichts, was heilsamer und schöner ist. „Deine Haut ist warm, fest und erstaunlich jung für einen Engel, der ein paar tausend Jahre…" Ups, darf man über das Alter eines Engels scherzen?

Wieder höre ich sein glucksendes Lachen, das leise beginnt und dann langsam immer lauter wird. Das Lachen eines Erzengels ist sehr ansteckend. Also gut, so traue ich mich, blicke in seine Augen und sage den Satz, der auftauchte, als ich in mich hineinfühlte.

„Warum kommen Wunder so spät?" Du meine Güte, jetzt lachen sie lauthals los, die Seelen, die Engel und vor allem Erzengel Michael. Und ich kann nicht anders, ich grinse in mich hinein und murmele: „Ziemlich humorvoll, diese Bande hier oben." Sie lachen jedoch immer *mit* und *nicht über* uns.

Sehnend blicke ich in die Ferne, mein Herz ahnt, dass sie gleich auftauchen wird. Wenn wir Menschen uns sehen, dann tun wir das, weil das Herz spricht. Und das Herz weiß, was kommen wird, es ist innig verbunden mit der Wahrhaftigkeit.

Auf der Erde wird ein Sonnenaufgang nie so heiß erwartet wie im Himmel. Warum bloß ist im Himmel alles viel intensiver? Noch bevor ich die Antwort finden kann, kommt sie endlich. Die Sonne!

Sie geht auf, und das mit einem so prächtigen, intensiven Farbenspiel, das ist wirklich wunderschön. Die Bewohner des Himmels zollen der Sonne ihren Respekt, sie begrüßen sie, indem sie ihr ihre ganze Aufmerksamkeit schenken.

Staunend lehne ich mich ein wenig an Erzengel Michael, der mich mit zarter Umarmung festhält. Damit ich nicht falle? Nein, er hält mich fest, weil er mir Nähe gibt, schließlich bin ich etwas überraschend in die Geistige Welt gereist. Und während der Himmel seine Farben wechselt, sehe ich, wie die Feen und Elfen im Sonnenlicht tanzen. Das sieht zauberhaft schön aus...

Warum kommen Wunder so spät?

Da ich schon einmal hier im Himmel bin, werde ich mein Möglichstes tun, um alle aufkommenden Fragen zu beantworten. Die Antwort findet sich in der Wahrhaftigkeit der Geistigen Welt leichter wie im irdischen Alltagseinerlei. Und ich werde Antworten für euch alle sammeln. Schließlich möchten wir alle unseren Kontakt zum Himmel intensivieren und dadurch unser Leben leichter machen.

Erzengel Michael:

„Wunder kommen niemals spät, sie kommen genau im richtigen Augenblick. Die Menschen sagen manchmal: „Ach, da habe ich aber Glück gehabt." Aber das Glück ist eng verbunden mit dem Wunder. Das eine gibt es ohne das andere nicht.

Im Himmel ist alles intensiver, weil die hohen Energien wie eine Verstärkung wirken. Das ist es, was ihr Menschen auch kennt. Wenn ihr mit göttlichen Energien zu tun habt, ist alles verstärkt.

Wahrscheinlich ist das noch ein wenig ungewohnt für euch, sonst würden die Menschen besser darauf achten, was sie mit ihrer Aufmerksamkeit füttern.

Der Energieraum der Wunder zum Beispiel. Also, falls ihr ein Wunder erleben möchtet, dann ist es wichtig, dass der Energieraum der Wunder rein bleibt. Und nicht, nun ja, verschmutzt will ich nicht sagen, aber das Wort trifft es genau... Der Energieraum der Wunder sollte also frei von Zweifel sein. Zweifel und destruktives Denken erschaffen eine zähe Energie, in der sich die Blume des Wunders nicht so recht entfalten kann."

Während Erzengel Michael spricht, beobachte ich, wie heilsam hier oben die Sonnenstrahlen sind. Warum sagt man uns, dass wir uns vor der Sonne schützen müssen, wenn sie doch Heilkräfte hat? Bitte, Erzengel Michael, öffne für uns den Energieraum der Liebe, Fülle und Heilung, sodass jeder davon profitieren kann, der diese Zeilen liest.

Just in dem Moment tut sich vor uns eine wunderschöne Landschaft auf, die wie ein Garten der Sinne aussieht. Die Wege die ich erblicke, kann man auch gut barfuß bewandern. Es gibt kleine Bäche, in denen wir unsere Füße kühlen können. Oh, ja, und ich erblicke eine warme Quelle, in die wir ganz eintauchen können, um uns aufzuwärmen. Ist das der Heilungsraum?

Erzengel Michael nickt.

„Dieser Heilungsraum ist göttlich, darum ist er auch ganz rein. Jeder Besucher hat die Möglichkeit, die Schuhe auszuziehen und barfuß zu laufen. Das Ritual des Barfuß-Laufens ist ein Sinnbild für das Erden, das Vertrauen und das Loslassen der Zweifel und Sorgen.

Die Kinder sind noch verbunden mit dem uralten Wissen, darum laufen sie so gerne mit bloßen Füßen herum.

Nun lasst uns zur Quelle gehen. Ich weiß, dass ihr euch nach allumfassender Liebe, Heilung und Fülle sehnt. Kommt, liebe Leserinnen und Leser, lasst es uns gemeinsam genießen."

Sarinah:

Als die Heilquelle vor uns auftaucht, bemerke ich, dass sie eingehüllt ist in einen goldenen Nebel. Das Wasser ist warm, es dampft, also nix wie hinein. Der lebendige Aufstieg ins Licht ist für unseren Körper phasenweise sehr anstrengend, er vollbringt Höchstleistungen. Da kommt dieses Heilwasser doch gerade recht.

Aber bevor wir im Wasser der heilenden Quelle relaxen, möchte ich jemand ganz Besonderen begrüßen. Ich bin überglücklich, dass du zu diesem Buch gefunden hast und uns begleitest. Schön, deine Nähe zu spüren, mein Herz hüpft vor Freude. Es ist mir, als würden wir uns schon ewig kennen. Ja, ich meine dich, du liest diese Zeilen, und unsere Herzen fangen sofort an, miteinander zu kommunizieren.

Weißt du, liebe Leserseele, wir sind nicht zufällig bei der Quelle. Erzengel Michael hat uns gleich hierher geführt, weil er weiß, dass unsere Körper dringend Regeneration brauchen.

Es gibt Stufen aus Stein, die ins Wasser führen. Ich habe nie eine Heilquelle gesehen, die einladender aussah als diese. Und während ich noch überlege, ob Erzengel Michael mit uns badet, hast du schon deine Kleider ausgezogen und bist hineingehüpft. Also tue ich es dir gleich, steige vorsichtig die Stufen hinab und lasse mich ins Wasser gleiten.

Seufz, was für eine Wohltat. Lächelnd vor Glück lassen wir uns treiben. Das Heilwasser fühlt sich so seidig an wie die Engel vorhin. Jetzt erst merke ich, wie mein Herz diese Quelle gebraucht hat. Heilung gehört zur Fülle. Manchmal bestrafen wir uns unbewusst selbst. Wenn wir uns die Fülle noch nicht erlauben, dann können wir zwar einiges ablösen, aber es ist ein unleidlicher Zustand.

Wenn man kämpfen muss, statt das zu bekommen, was man zum Leben braucht, kommt unweigerlich der Tag, an dem die Kräfte schwinden. Schließlich führt jeder Kampf ins Leid. Und wenn die Kräfte schwinden, dann leiden wir. Leid wiederum ist wie eine sichere Treppe zum höheren Bewusstsein.

Seufzend lasse ich mich vom blauen Nass tragen.

Erzengel Michael schaut uns lächelnd an. Er hat so einen zärtlichen und fürsorglichen Blick, das allein genügt schon, und das Herz wird vor Freude weich.

Erzengel Michael:

„Genießt es, liebe irdische Engel, kostet es ruhig in vollen Zügen aus. Ich erzähle euch inzwischen die Geschichte der Heilquelle.

Nun, es gibt im Himmel und auf der Welt viel heilendes Wasser. Der Unterschied ist, dass die Geistige Welt um die Bedeutung weiß. Die Menschen sind so sehr beschäftigt mit dem Alltag, sie haben ganz vergessen, dass die Erde das gleiche Heilwasser bereitstellt wie der Himmel.

Kinder spüren das, sie sind sogar von kleinen Tümpeln begeistert. Wobei nicht jeder Tümpel Heilqualitäten hat, aber Kinder wissen um die Bedeutung von Wasser. Wasser zieht sie magisch an, was leider so manchem Kind schon zum Verhängnis wurde. Vielleicht tröstet es euch zu wissen, dass die Kinderseelen im Himmel ganz besonders geliebt, behütet und begleitet werden.

Die Kinderseelen im Himmel haben einen großen Wunsch an ihre Eltern und Geschwister. Diesen Wunsch gebe ich hiermit gerne weiter, er lautet: Lebt für uns, genießt das Leben, ihr tut es auch für uns!

Trauern ist wichtig und gehört zum Prozess des Lebens dazu, aber Trauer ist auch Arbeit. Da tut eine Heilquelle gut. Wie auch immer ihr die Energie aufnehmt, sie kommt auf jeden Fall an. Ihr findet selbstverständlich auch heilende Quellen an irdischen Kraftorten. Diese Heilquelle, in der ihr gerade badet, entstand, als Gott erkannte, dass diejenigen, die den Himmel besuchen, ein immens starkes Bedürfnis nach Regeneration, Liebe und Fülle haben.

So hat der Schöpfer damals diese Quelle erschaffen, und wir Engel führen euch auch oft nachts im Traum hierher. Die Sonne hat übrigens Heilkräfte, sowohl auf der irdischen Seite, wie auch im Himmel. Klar ist ein Sonnenbad auf der Erde mit Vorsicht zu genießen, denn röten sollte sich die Haut dabei nicht. Aber in einem vernünftigen Rahmen ist ein Bad in der Sonne sehr wohl der Genesung dienlich.

Vollkommene Regeneration wird auf der Erde gerade von denen nicht gerne gesehen, die an euch verdienen, wenn ihr krank seid. Trotzdem ist es ihnen nicht gelungen, die Wahrheit von euch fernzuhalten. Die Wahrheit sucht sich immer ihren Weg.

Diese Quelle ist bei uns Engeln und Aufgestiegenen Meistern sehr beliebt. Wir benötigen zwar keine Regeneration, aber ein Bad in der Liebe ist selbst für uns wunderbar."

Während wir dem zärtlichen Flüstern von Erzengel Michael lauschen und uns genüsslich im warmen Wasser auftanken, blicke ich in deine Augen.

Komm, liebe Leserseele, lass uns kurz ganz untertauchen, damit alles von uns weggeschwemmt wird, was uns belastet hat. Unter Wasser höre ich nicht nur mein Herz schlagen, ich höre auch deins. Und es spricht. Möchtest du wissen, was dein Herz dir mitteilen will?

Das Herz kommuniziert mit uns, indem es pocht, manchmal fühlen wir auch, wenn das Herz schwer wird. So lausche dem Klang deines Herzens, es sind nicht wirklich Töne, es ist eher wie ein Rhythmus, aus dem Töne entstehen. Wenn man genau hinhört, dann singen Herzen auch. Das tun sie, wenn Körper und Seele im Einklang leben, und genau das ist es, was ich just in dem Moment wahrnehme.

Dein Herz möchte dir mitteilen, dass es auf der Wanderung des Lebens schon ein paarmal zerbrochen ist. Doch du hast durch den Schmerz, der dir durch andere Personen zugefügt wurde, jedes Mal dazugelernt. Du hast dein Herz immer wieder durch Vergebung geheilt. Und natürlich auch, indem du deine Aufmerksamkeit auf das gelenkt hast, was dir guttut.

Und nun sind wir gemeinsam hier, auf der Reise zu uns selbst. Eine Reise, die sehr wichtig ist, denn sie schenkt uns Bewusstheit. Je höher das Bewusstsein, umso mehr kehren unter anderem die himmlischen Talente zu uns zurück.

So erkennen, wandeln, heilen wir in uns all das, was mit Dualitätsenergien zu tun hat. Wir heilen uns und die Erde.

Die Erde braucht uns Lichtträger, sie würde sonst im Dualitäts-Smog ersticken. Und wir Lichtträger brauchen die irdischen Heilquellen und die Kraftplätze, damit wir unseren Körper von allen Beschwerlichkeiten befreien können.

Leise plätschert das Wasser der Quelle, der Ton wird eins mit dem zärtlichen Flüstern von Erzengel Michael, der uns gerade segnet. Lass uns noch eine Weile bleiben, liebe Leserseele. Das warme Wasser tut so gut, die Wellen, die uns sanft hin- und herschaukeln, haben etwas Beruhigendes. Es ist, als wenn eine Mutter ihr Kind schaukelt.

Langsam stellt sich die behagliche Müdigkeit ein, das ist ein Zeichen, dass die göttliche Regeneration einsetzt.

Bleiben wir einfach so lange, wie wir möchten, und baden in der liebenden Fülle des Himmels. Ich bin gespannt, wer uns auf unserer Reise als Nächstes begegnet…

Warum fällt es manchmal so schwer, Entscheidungen zu treffen?

Ich bin hier, um Antworten zu finden. Oder finden die Antworten mich? In mir taucht eine Erinnerung auf. Ich möchte herausfinden, wie wir Menschen zur jeweils richtigen Entscheidung finden.

Wie oft stehen wir vor der Frage: Was soll ich tun? Was ist richtig oder falsch? Dabei gibt es kein Richtig oder Falsch. Egal, wie wir uns entscheiden, unser Weg wird uns immer dahin führen, wo unsere Seelenaufgaben zu finden sind.

Finden, das ist das Wort, wir sind immer auf der Suche nach irgendetwas. Mal suchen wir bewusst, dann tun wir es, indem wir hin- und herschwanken, uns scheinbar nicht entscheiden können.

Warum fällt es manchmal so schwer, Entscheidungen zu treffen?

Erzengel Michael:

„Die Furcht vor einer Fehlentscheidung lässt euch zwar zaudern, aber meistens ist es so, dass ihr zwischen dem Ja oder Nein schwankt, weil ihr vorsichtig seid. Das Leben hat euch gelehrt, dass ihr ohne Blessuren besser dran seid. Und diese Blessuren sind schließlich verbunden mit einer scheinbaren Fehlentscheidung. Jedenfalls habt ihr es so gelernt. Dass es gut ist abzuwägen, damit nichts falsch entschieden wird. Sonst kann es weh tun, stimmt's?

Wobei ich betonen möchte, dass es kein Falsch oder Richtig gibt. Sollte etwas, das ihr beschlossen habt, nicht mit eurer Seelenplanung übereinstimmen, werdet ihr euren Beschluss nicht umsetzen können. Wenn etwas passiert, das deine Pläne durchkreuzt, oder du hast dich entschieden, aber der nächste Schritt taucht nicht auf, dann ist das auch ein Schutz. Vertraue einfach. Alles kommt zur rechten Zeit. Geduld ist die Mutter der Porzellankiste, das ist ein irdisches Sprichwort, das durchaus Wahrheitsgehalt hat.

Wer mit dem Kopf durch die Wand will, kommt auch nicht schneller ans Ziel. Vertrauen zeigt sich, wenn der Mensch statt über Hürden zu laufen, den langsameren Weg wählt.

Manchmal sieht es so aus, als müsstet ihr lange Umwege gehen, um ans Ziel zu kommen. Aber auf den Umwegen lernt ihr am meisten. Die langsameren Wege sind sehr dienlich für die Entscheidungsfindung, weil so Erkenntnisse in euch auftauchen, die ihr später gut gebrauchen könnt. Erfahrungen sammeln ist also kostbar, vor allem dann, wenn man dabei auf die Nase fällt. Ihr lernt dabei, zu euch selbst zu stehen. Und schließlich geht es auch um das Aufstehen.

Wer nie lernt, sich hochzurappeln, weil das Leben bisher nur himmelblau und rosarot war, der wird auf die Liebesschwingung, die heftige Erneuerungen auslöst, ängstlich, zweifelnd, pessimistisch reagieren.

Das hohe Bewusstsein ist immens wichtig, denn es führt euch lebendig in den Himmel. So regeneriert alles in und um euch herum. Wer sich der Wanderung ins Licht angeschlossen hat, und das habt ihr, sonst würdet ihr diese Zeilen nicht lesen, wird an Abzweigungen vorbeikommen und automatisch verharren, um herauszufinden, welche die richtige ist.

Dass ihr euren Schritt verlangsamt, wenn irdische Entscheidungen anstehen, ist durchaus ratsam. So könnt ihr besser hinsehen, in euch hineinfühlen und herausfinden, was der neue Weg euch bringen soll.

Manchmal schauen die Menschen nicht auf sich selbst. Sie powern sich aus ohne Unterlass und werden dann vom Leben ausgebremst. Das dient der Suche nach dem Sinn des Lebens.

Wenn ein neuer Lebensweg beschritten wird, gibt es dann eine Garantie, dass die Sehnsüchte und Wünsche alle erfüllt werden? Diese Frage taucht jetzt sicher bei manch einem auf.

Eine Garantie gibt es nicht, liebe Freunde. Wenn ihr im Vertrauen seid, braucht ihr keine Bestätigung, sondern nur jemanden, der euch ein Stück des Weges begleitet. Manchmal kommen gute Freunde zur Wegbegleitung in euer Leben. Sie kommen, so scheint es, rein zufällig zur rechten Zeit. Aber Zufälle gibt es nicht! Wenn Engel ihre Energien dabei im Spiel haben, dann immer so, dass es euch dabei wohl ergeht und ihr euren freien Willen jederzeit einsetzen könnt.

Gerne übernehmen auch wir Engel diesen Part der Begleitung. Und wenn ich die Engelbegleitung schon einmal anspreche, so möchte ich, Erzengel Michael, sagen, dass wir euch eine Entscheidung niemals abnehmen dürfen. Wir bleiben mit euch an der Abzweigung stehen und lassen euch selbst wählen. Alles andere wäre zu vergleichen mit Bevormundung. Lernen ist sehr kostbar, davon dürfen wir euch nicht abhalten. Außerdem sind die Abzweigungen gut, um zu sich selbst zu finden. Sollten auf dem neuen Pfad Steine auftauchen, dann sind sie wie Wegweiser für euch.

Den Menschen fällt es schwer, Entscheidungen zu treffen, weil sie denken, die Entscheidungen wirken sich unumstößlich und richtungsweisend aus. Aber die Richtung weisen, das beginnt lange, bevor ihr vor einer Entscheidung steht. Ihr steuert mit den Gedanken durch euer Leben. Die Gedanken erschaffen den Weg, nicht umgekehrt.

Die meisten Menschen sind davon überzeugt, dass die Realität sie zwingt, in eine bestimmte Richtung zu denken. Dabei wird die Realität durch die Gedanken, durch die innere Einstellung erschaffen.

Selbst wenn jetzt der Satz auftaucht, dass das alles schon bekannt ist, nun, es zu wissen, ist nicht genug! Es ist mehr denn je wichtig, das Wissen auch umzusetzen.

Die Schüler von einst haben die Lehrstätte verlassen. Und nun steigt ihr gerade in eure Meisterschuhe und sendet euer Licht, damit andere auch in ihre Berufung finden können.

Ihr Lieben, wir wissen, wie hart das Dasein manchmal sein kann, daher gebührt euch der Respekt der Geistigen Welt. Wir sehen, wie ihr strauchelt und immer wieder aufsteht. Wir sind die, die euch hilfreich zur Seite stehen, wir lieben euch so sehr, so sehr…"

Das ganz besondere Ahnentreffen

Wie wohl unsere Ahnen über unser modernes Leben denken? Würden sie uns Tipps geben wie: Nehmt das Leben nicht ganz so ernst!?

Wie das Leben so spielt, kennt ihr diesen Satz? Aber je älter man wird, umso mehr Ernst schleicht sich hinein. Und die Leichtigkeit und Unbekümmertheit aus den Jugendjahren gehen ein wenig verloren. Wir überlegen viel, sind gut darin, etwas abzuwenden, wenn wir etwas nicht tun wollen, weil wir es partout nicht gut finden.

Das ist menschlich, schließlich kostet das Leben auch Kraft, dann ist es gut, mal etwas diplomatischer sein zu können, damit niemand verletzt wird. Außerdem fällt es uns mit steigender Körperschwingung immer schwerer, uns selbst zu etwas zu zwingen oder uns in etwas hineindrücken zu lassen.

Zwang und Druck kollidieren mit dem Licht, das wir in uns tragen, und dann fühlen wir uns wie Erdenengel, die unsanft gelandet sind.

Wenn ich mich hier im Himmel umsehe, sehe ich lächelnde Gesichter, niemand scheint verärgert zu sein oder gar wütend. Und mir ist aufgefallen, dass die Lichtwesen zwar harmonisch, liebevoll und immer gütig sind, aber nie überdreht gut drauf. Wahrscheinlich liegt in der Balance der Knackpunkt. Wer ausgeglichen ist, sinkt nicht so tief, wenn etwas Unerwartetes passiert.

Ich frage mich schon eine Weile: Wie bekommen wir Menschen es hin, glücklich zu sein, ohne diese ewige Gedankenmühle? Die Gedankenmühle, die dann das Glück zermahlt.

Erzengel Michael hat das Tor zum Garten der Sinne geöffnet. So lasst uns weiterwandern und sehen, wen wir auf dem Pfad treffen.

Ich bin neugierig, woher kommt dieser Duft? Schließlich sind wir hier im Himmel, und da wird doch niemand kochen, oder? Es riecht wie damals bei den Großeltern am holzbefeuerten Küchenherd, und ich folge begeistert dem Geruch.

Liebe Leserseele, komm mit, lass uns über diesen kleinen Hügel gehen, unten sehen wir dann, wer in der Pfanne rührt.

Wobei das WER gerade etwas in den Hintergrund rutscht, denn ich spüre mein Herz vor Freude pochen und kann es nicht mehr abwarten, der außergewöhnlich gute Essensgeruch zieht mich magisch an.

Als wir oben stehen und hinunterschauen, sehen wir, wer am Feuer steht, und ich kann nicht anders, ich muss herzlich lachen. Sie steht da und rührt in der Pfanne, aus der der herrliche Duft aufsteigt.

Mein Herz wird ganz weich vor Freude. Ich weiß, dass du diese Seele kennst. Sie ist eine liebe Seele aus deiner Ahnenreihe, und sie ist wegen dir hier. Sie hat dich gerufen. Mit einer einladenden Geste lädt sie uns ein, zu ihr zu kommen.

Liebe Leserseele, traust du dich mit mir an deiner Seite? Erzengel Michael ist auch anwesend, ich kann seine liebevolle, würdevolle Engelenergie spüren.

Übrigens, unsere Ahnen wissen, wenn wir an sie denken. Sie haben dann sofort ihre Aufmerksamkeit bei uns. Und es gibt für Seelen nicht Schlimmeres, als vergessen zu sein.

Als wir zu ihr gehen, breitet sie ihre Arme weit aus. Deine Ahnenseele reicht dir beide Hände, du gehst zu ihr, und sie drückt dich zärtlich an sich. Ein wirklich besonderes Ahnentreffen. Wer hätte gedacht, dass du durch das Lesen dieses Buches auf deine Familie triffst?

Familie, ja, denn da sind noch mehr deiner Ahnen, sie halten sich aber höflich im Hintergrund. Wir kommen alle aus demselben Suppentopf, habe ich eines Nachts scherzhaft zu Erzengel Michael gesagt. Der Unterschied ist nur, dass wir Menschen unsere Seelenabsprachen haben. Wir reisen also mit Gepäck auf die Erde. Der Rucksack ist gefüllt mit Erfahrungen, Lernaufgaben, die wir machen, und Erkenntnissen, die wir sammeln wollen.

Und da ist noch die Lebensaufgabe, die es gilt, in die Erfüllung zu bringen. Geistige Wesen aber sind nicht mehr gebunden an irgendwelche Seelenverpflichtungen. Sie sind vollkommen frei, ihnen steht der ganze Zauber des Himmels zur Verfügung.

Klar, selbst Erzengel haben ihre Aufgaben, aber das ist nicht zu vergleichen mit dem Bündnis, das wir eingehen, wenn wir im Bauch der Mutter ankommen.

Das Bündnis wiegt schwer, weil wir auch freiwillig Ahnenthemen auflösen, ohne dass es uns bewusst ist. Aber heute geht es einfach um dieses Ahnentreffen, und alles, was sich dadurch wohltuend löst, ist herzlich willkommen.

Während du und deine Ahnenseele voller freudigen Erstaunens über diese Zusammenkunft seid, setze ich mich ans Feuer. Ich genieße die Wärme, die die Flamme ausstrahlt, und jeglicher Hunger tritt in den Hintergrund.

Geleitet wird die Ahnenheilung von Erzengel Michael. Er weiß, was zu tun ist, um ein Thema, das schon eine Weile das Herz belastet, zu erlösen. Es geht unter anderem um die Themen der Fülle und Gesundheit: „Ich erlaube mir, voll in der Fülle zu leben. Mit allem, was ich selbst brauche, und mit allem, was ich brauche, um mit anderen teilen zu können. Ich erlaube mir, sehr gut zu leben, bei voller Gesundheit und bei einer ausgeglichenen psychischen Verfassung."

Erzengel Michael:

„Im Grunde geht es bei diesem Ahnentreffen auch um die Vergebung, den Frieden und die Liebe. So reicht euch bitte die Hände, seht, wie ein feiner Ring aus Licht sich zärtlich um euch legt und nach oben wandert. Dieser Ring ist der Ahnenring, er befindet sich nicht am Finger, sondern wird durch alle Generationen energetisch weitergegeben. Ein Ring aus Gold, der in eurer Aura die Spitze darstellt. Fehlt diese Spitze, dann könnt ihr nur schwer im inneren Frieden verweilen. Immer wieder reißt euch etwas aus eurer Mitte. Der Ahnenring ist das Zeichen der weisen, gütigen, liebenden Vollkommenheit.

So lege ich nun meine Hände auf euren Rücken und löse hiermit alle Ahnen-Verstrickungen und alles von euch, was euch über Generationen belastet hat. Ich wandle die Ahnenthemen in Licht um und heile sie im Namen Gottes. Möge der Schöpfer mit seiner Gnadenenergie dafür sorgen, dass die allumfassende Liebe euch segenbringend einhüllt. Hiermit erlöse ich euch von Ahnenthemen, die euch unbewusst in ein Verhalten zwingen, das nicht gut für euch ist und war.

Um die Heilung abzuschließen, möchte ich, Erzengel Michael, euch segnen. Der Ring des Lichts möge euch allezeit behüten und begleiten. So sei es, im Namen Gottes, Erzengel Michael."

Während ich am Feuer sitze, kann ich spüren, wie der Segen Gottes uns alle wohlbringend einhüllt.

Die Feuer, die in der Geistigen Welt lodern, sind Feuer der Güte, sie verbrennen nicht, sie wärmen und nähren.

Es kommt mir so vor, als wäre die Zeit gerade stehengeblieben. Wir befinden uns in der Energie deiner Ahnen, die dich friedlich und anerkennend voller Liebe betrachten.

Liebe Leserseele, verweile ruhig, so lange du magst, umarmt euch, ohne euch verabschieden zu müssen. Das *Muss* darf sich nun aus deinem irdischen Leben lösen, nun zählt nur noch das *Darf*.

Während ich mich wohlig am Feuer rekele, höre ich das Flüstern deiner Engel, das nun in einen Gesang übergeht. Wenn Engel singen, öffnet sich jedes Herz. Herzen nehmen Engelgesang immer wahr. Herzen reagieren zwar auf den Chor der Engel unterschiedlich, aber eins ist immer gleich: das Gefühl, endlich nach Hause zu kommen.

Zum Erlebnis, endlich zu Hause anzukommen, gehört auch der Duft des Lieblingsessens. Darum haben unsere Engel uns mit dem Geruch eines frisch zubereiteten Essens in diesen heiligen Raum eingeladen.

Weil es schöne Erinnerungen weckt und wir so in uns und auch gleichzeitig im Himmel ankommen können. Wenn wir den Frieden in uns finden wollen, dann geht das immer mit einer Ahnenheilung einher.

So schließt sich der Kreis, und ja, mir ist, als wäre die Zeit stehengeblieben. Der Himmel schaut voller Fürsorge und Liebe zu, wie wir langsam aber sicher zu den Wesen werden, die wir immer schon waren: die irdischen Kollegen der Geistigen Welt.

Verweile bei deinen Ahnen, so lange du magst, liebe Leserseele. Genieße ihre liebende Fürsorge, sie haben zu Lebzeiten viel auf sich genommen, um der Familie ein gutes Leben zu ermöglichen. Manchmal hat das nicht gereicht, das mag sein. Jedoch, du kannst dir ihren großen Schmerz nicht vorstellen, als sie im Himmel erkannt haben, dass sie im Dasein nicht alles erlösen konnten, was sie laut Seelenplanung tun wollten.

Atme einige Male tief durch, liebe Leserseele, du bist unendlich geliebt, es ist gut, und wenn du weinen willst, dann weine ruhig.

Gleichzeitig umarmt uns das göttliche Liebeslicht, das sich hier als wärmendes, nährendes Feuer zeigt. Und wenn die Zeit gekommen ist, wandern wir gemeinsam weiter.

Barfuß in Richtung Heilung

Der Garten der Sinne. Ich finde, die Geistige Welt steckt voller Überraschungen. Wer hätte gedacht, dass es hier einen Garten gibt, der dazu einlädt, Erlebnisse der besonderen Art zu haben.

Ich bin so voller Freude, gespannt, was als Nächstes kommt. So mache ich das, was ich immer tue, wenn ich nach dem Eingang eines neuen Energietores suche, nämlich darüber schreiben. Durch das Schreiben taucht das Energietor auf, und wenn wir Glück haben, werden wir dort schon erwartet.

Derweil lasst uns einfach weiterwandern. Der Garten der Sinne bringt uns in Kontakt mit dem, was wir als Kinder gut konnten, nämlich Entdecker sein. Entdecker, die wirklich tief eintauchen können, mit allen Fasern das alltägliche Glück genießen.

Die Dankbarkeit für die kleinen Dinge verschwindet irgendwann. Wir haben so sehr gelernt, den Verstand einzusetzen, dass es uns nicht bewusst ist, wenn der Verstand es ist, der uns vom Glück abhält.

Der Verstand möchte analysieren, prüfen, vergleichen, beurteilen, verstehen. Das ist ok, für berufliche Dinge unerlässlich, da geht ohne unser schlaues Köpfchen nichts. Wichtig ist nur, dass wir in der Balance leben und beides einsetzen können, Herz und Verstand. Und zwar so, dass nichts und niemand überlagert wird.

Das Herz weiß, was wahrhaftig ist, es prüft die Wahrhaftigkeit nicht, sondern nimmt dankbar an. Das Herz ist innig verbunden mit der Quelle allen Seins und unserer Seele. Unserer Seele geht es gut, wenn wir herzlich leben. Wenn wir abdriften und zu sehr in das Verstandesego rutschen, dann erinnert uns die Seele daran, dass etwas nicht stimmt, sie möchte heim. So bildet unser Körper Symptome, die uns daran erinnern, dass wir den Körper lebendig heimtragen wollten. Ein durchaus schmerzlicher Prozess.

Warum ist es so wichtig, die nötigen Informationen zu bekommen, um unser Leben wieder ins Lot zu bringen? Könnten wir nicht abwarten, bis die Erde uns ins Licht trägt, ohne etwas bei uns zu verändern?

Der letzte Satz umschreibt das Problem, das die Menschheit hat: das Abwarten. Sich bequem zurücklehnen und das Leid der Menschen und Tiere beobachten. Abwarten, bis andere etwas bewegen, statt selbst etwas zu tun. Das ist seit jeher ein Problem der Menschheit.

Das Gute ist, die ganze Menschheit ist beteiligt am lichtvollen Wandel. Niemand ist eine Insel, die Erneuerungsenergien erreichen jeden Menschen. Botschaften, die unser Herz berühren und uns Zuversicht, Klarheit, Erinnerung schenken, sind in dieser Zeit kostbar.

Ich finde, es ist sogar überlebenswichtig, die Botschaften der Seele zum richtigen Zeitpunkt zu bekommen. Die Botschaften, die unsere Seele braucht, kommen auf vielfältige Weise zu uns. Manchmal auch im Traum oder beim Lesen. Abgewartet und zugesehen hat die Menschheit schon viel zu lange. Wir können immer etwas tun, und sei es, indem wir die Themen in uns erlösen, die wir im Außen nicht mehr sehen wollen.

Der Weg, den wir jetzt gerade gehen, ist gepflastert mit unterschiedlichen Steinen. Die Steine sehen uralt aus, aber nicht alle, einige sind auch neu.

Wir gehen gerade den Pfad unserer eigenen Erfahrungen. Mal forderte uns das Erlebnis, das uns die nötige Erkenntnis brachte, ganz schön hart heraus. Dann kam wieder ein Lebensereignis, das wundervoll rund war und schön.

Ich habe so eine Lust, barfuß über diese besonderen Steine gehen, möchtest du auch, liebe Leserseele? Komm, ziehen wir unsere Schuhe aus. Die Steine sind von der Sonne ganz warm. Das Erscheinungsbild des Pfades ist so uneben wie unser Leben manchmal. Wenn der Untergrund uneben wird, dann lenken die Menschen ihre Aufmerksamkeit automatisch auf die innere Balance und verlangsamen ihren Schritt.

Wo führt uns dieser Pfad wohl hin? Kaum habe ich diesen Satz gedacht, da taucht das Energietor vor uns auf, es steht einladend offen.

Als wir näherkommen, sehe ich ihn. Er wartet am Eingang des Tores, um uns zu begrüßen. Seiner besonnenen, wärmenden, humorvollen Energie zu folgen ist immer ein Erlebnis. Allein das genügt schon, und die Steine, über die wir wandern, werden zur Einheit. So lasst uns zu ihm gehen, er breitet seine liebenden Arme aus, um uns willkommen zu heißen.

Erzengel Uriel:

„Kommt zu mir, liebe Freunde. Ich lade euch ein, mit mir zusammen die sinnliche Geistige Welt zu genießen. Die Entdecker sind in der Regel niemals erschöpft, außer wenn der Abend kommt, da werden selbst Erdenengel müde.

Aber die Abendstunden sind auch so schön heimelig. Wenn die Lichter angehen und das Gemüt sein darf, wie es will. Wenn die Arbeit ohnehin getan ist, dann sucht das Herz nach seinesgleichen. Bei Sternenschein werden die Menschen empfänglich für Sinnlichkeit.

Die Geistige Welt ist sinnlich, ja. Wir lieben Kerzenschein, Kaminfeuer, und besonders lieben wir lustige Treffen, die dann plötzlich romantisch werden.

Ich lade euch ein, kommt mit, lasst uns die Erde von hier oben betrachten. Ein wirklich bezaubernder Anblick, Gaia so in ihrer Unberührtheit zu sehen.

Wir befinden uns nun im Energieraum der himmlischen Unendlichkeit. Transformationen zerren an eurer Kraft, da ist es gut, ein lauschiges Plätzchen zum Auftanken zu haben.

Nicht schüchtern sein, setzt euch ruhig auf die bereitstehenden Liegen, liebe Freunde. Für uns Engel gibt es nichts Schöneres, als in eurer Gesellschaft zu sein. Oh, ja, und wir lieben Bücher. Aber uns Erzengel fehlte ein Buch. Nämlich eins, das zeigt, wie die irdischen Angelegenheiten vom Himmel aus aussehen und wie man sie erlöst.

So baten wir Sarinah, dieses Buch zu schreiben. Beim Lesen der Zeilen könnt ihr Klarheit finden und regenerieren, kommt in Berührung mit Heilenergien und mit uns, euren himmlischen Freunden.

Das Wort Regeneration zieht die Menschen magisch an, sie vergessen ganz, dass Regeneration nicht kompliziert ist. Das geschieht fast automatisch, wenn man es mit hohen Lichtwesen zu tun hat. Fast automatisch, denn zur Heilung braucht es immer auch euer Mitwirken. Durch dieses Buch öffnen wir den Zugang zum Himmel und zu den Heilungsräumen.

Wenn die Geistige Welt einen Energieraum für euch öffnet, dann vereint sich dieser mit dem Raum, in dem ihr euch gerade befindet. Um besser in das Fühlen der Heilungszeremonie zu kommen, segne ich, Erzengel Uriel, in diesem Moment euer Herz. Möge die süße, unendliche Liebe das Heim eurer Seelen erleuchten.

Liebe Leserseele, manchmal dauert es ein wenig, bis sich Regeneration einstellt, nicht wahr? Dann braucht es einen Erzengel, der durch ein Buch mit dir kommuniziert und dich dort abholt, wo du gerade bist.

Bist du nicht auch der Meinung, dass die Menschen viel zu ernst sind? Sie füttern die Besorgnis mit ihrer Energie, und dadurch kommt die Besorgnis immer wieder in ihr Leben.

Genießt das, was kommt, liebe Freunde. Lehnt euch bequem zurück, nehmt euch Zeit für ein Lächeln und atmet bitte ein paarmal tief ein und aus.

Die Menschen atmen gerade in stressigen Zeiten zu flach. Sie füllen ihre Lungen nicht ganz mit Sauerstoff, wodurch sie nicht alles loslassen können, was noch im Körpersystem feststeckt.

So atmen wir alle gemeinsam, lasst uns den Himmel auf die Erde holen, indem wir Gaia mit der Energie des Himmels beatmen. Selbst das bewusste Atmen hat also durchaus einen tieferen Sinn.

Das bewusste Atmen ist sehr sinnlich, denn so flutet Sauerstoff in eure Zellen, und diese fangen an zu vibrieren.

Die Schwingung der Geistigen Welt wird von den Lichtarbeitern oft als Vibration beschrieben. Und so schließt sich der Kreis, denn die göttliche Vibration ist euch wohl bekannt. Der Himmel flirrt nur so vor Licht und Liebe, nichts ist ohne dieses bewegende Licht, auch die Erde nicht.

Manchmal suchen die Menschen nach dem göttlichen Licht und vergessen ganz, dass sie es ja in sich tragen. Wenn sich Himmlisches und Irdisches in Liebe vereinen, dann ist das sehr sinnlich.

Die Geistige Welt wird oft als heilig dargestellt. Nun ja, das mag stimmen, aber wir sind auch sehr vertraut miteinander. Und Vertrautheit ist der Inbegriff der Sinnlichkeit.

Vertrautheit, ihr Lieben, löst ein sehr behagliches Gefühl aus. Wie wundervoll, dass ihr zu mir, zu Erzengel Uriel gekommen seid.

Der Raum der unendlichen Liebe lädt euch ein, in warmer, behaglicher Atmosphäre zu relaxen. Legt ruhig die Beine hoch, wenn ihr mögt, und kuschelt euch in die bereitliegenden roten Decken.

Die Lichtwerdung ist phasenweise sehr anstrengend, da kommt jede Erholung recht. Das kann ich, Erzengel Uriel, gut nachempfinden. Schließlich kommt ihr lebendig im Himmel an. Das ist ein wahres Wunder.

Die Menschen warten auf ein Wunder und vergessen ganz, dass das Wunder schon da ist, es schlummert in euch.

Schaut euch das Wunder Erde an, wie stolz sie sich dreht, mit welcher zuversichtlichen Ruhe sie das Universum erfüllt. Das, ihr Lieben, lässt sogar mein Herz höherschlagen.

Von hier oben sieht der Blaue Planet ganz friedlich aus. Jeder Planet trägt dazu bei, dass die Balance des Universums erhalten bleibt.

Und weil ich vorhin von Erholung sprach: Habt ihr gewusst, dass wir Erzengel auch gut massieren können? Klar, wir heilen sehr vielfältig, und zwar immer so, wie ihr es annehmen könnt.

Wer möchte gerne eine energetische Fußreflex-massage von Erzengel Uriel, wer möchte sich von mir die Füße massieren lassen?

Oho, da gehen aber viele Hände hoch.

Liebe Leserseele, ich fange bei dir an, wenn ich darf. Meine Berührung überträgt sich auf den ganzen Raum, und jeder, der mag, kann an dieser Massage teilhaben.

So nehme ich deine Füße in meine Hände. Das Barfußgehen vorhin über die Steine der Erkenntnis hat die Füße wachgekitzelt. Wie weit sie schon ge-wandert sind. Viel haben die Fußsohlen abgefangen, dein Körper wäre ohne die feinen Sensoren an der Sohle hilflos.

Während ich anfange, deine Füße mit meiner Energie zu wärmen, kannst du dich gemütlich zurücklehnen. Du brauchst nichts zu tun, außer zu atmen und zu genießen.

Mein Liebes, lenke jetzt bitte deine Aufmerksamkeit auf deine Füße. Atme ein paarmal tief ein und lass die Luft aus deinen Lungen ruhig mit einem Seufzen entweichen. Ja, so ist es gut, mein Engel, du darfst ganz du selbst sein.

Während ich, Erzengel Uriel, nun zart deine Füße massiere, die Sohle mit den Reflexpunkten abtaste, fängt deine Haut an zu kribbeln.

Für die Körpergesundheit sind die Sensoren an deiner Fußsohle unerlässlich und sehr wertvoll. Ohnehin bin ich der Meinung, dass es gut ist, von einem Erzengel verwöhnt zu werden, schließlich lieben wir es, euch Menschen zu berühren.

Wir Erzengel wirken sehr vielseitig, unter anderem auch sehr heilend. Die Menschen teilen die lichtvollen Wesen gerne in Kategorien ein, aber in der Wahrhaftigkeit gibt es keine Kategorien. Wir wirken gemeinsam Hand in Hand. Lichtwesen, ihr Lieben, brauchen keine Zuständigkeitsbereiche. Wir wirken immer allumfassend.

Zuständigkeitsbereiche sind allenfalls dazu da, um die Geistige Welt besser verstehen zu können. So ist das In-Kategorien-Einteilen ehemals entstanden.

Lehne dich zurück, mein Engel, schließe deine Augen und lass es dir wohlergehen, bade ruhig in dem Gefühl der unendlichen Liebe."

Sarinah:

Ein wirklich außergewöhnliches Erlebnis, die Fußmassage von Erzengel Uriel kommt auch bei mir an.

Ich spüre seine kraftvolle Energie, die nun dafür sorgt, das sich alles lösen kann, was uns am Empfangen gehindert hat.

Erzengel Uriel ist immer für eine Überraschung gut. Ich erinnere mich, wie ich seine Energie zum ersten Mal an meinen Füßen wahrgenommen habe.

Eine warme Engelberührung kurz vor dem Einschlafen ist sehr beruhigend. Erzengel wissen, was wir brauchen, und sie wissen auch, wie viel wir davon annehmen können.

Füße sind sehr sensibel, und Berührungen kommen gut an, wenn wir uns darauf einlassen. Ich möchte aber nur kurz beschreiben, wie ich die Massage von Erzengel Uriel empfinde, weil ich niemanden einengen will.

Jeder darf für sich hineinspüren. Auch wenn wenig davon ankommt, so ist absolut sicher, Engelberührungen wirken nach.

Während Erzengel Uriel zärtlich unsere Füße streichelt, während er uns ein wenig kitzelt, fangen unsere Lippen an, sich zu entspannen, wir lächeln glücklich.

Erzengel sind sehr weise, sie wissen genau, wann der richtige Zeitpunkt für eine Heilung ist. Sie wissen auch, dass ein Schmerz erst einmal eine zarte Berührung braucht und fangen daher gerne mit ihrer Engelmassage bei den Händen oder Füßen an.

Wenn du dich zu Bett begibst, kurz vor dem Einschlafen, dann erinnere dich bitte an diese Zeilen. Deine Aufmerksamkeit auf die Engelmassage tragen dazu bei, dass du es nochmal und nochmal erleben darfst.

Erzengel reagieren immer auf unsere Gedanken. Gedanken sind für sie wie ein gesprochenes Wort. Engel haben nicht die Aufgabe, uns von etwas zu überzeugen, uns etwas zu beweisen. Sie warten höflich so lange, bis sich unser Herz öffnet und wir sie mit unseren Gedanken einladen.

Engel sind sehr mitfühlend, ich würde fast sagen, sie sind mitfühlender, als wir Menschen es je waren. Engel schauen uns bis tief in die Seele, sie reagieren auf unser ganzes Sein. Engel lieben es, wenn sie helfen dürfen. Sie achten jedoch unseren freien Willen und können erst eingreifen, wenn wir unsere Gedankenkraft für unseren Wunsch einsetzen.

Engel erwarten nie etwas, aber sie freuen sich sehr über ein Dankeschön.

Unser Vertrauen ist wie ein Dankeschön für unsere himmlischen Freunde.

So schließe ich meine Augen, um die Berührung von Erzengel Uriel besser genießen zu können. Die Massage lässt meine Atmung ruhiger werden, ich sinke voller Wonne in mich hinein.

Behagliche Wärme flutet über meine Füße durch meinen ganzen Körper. Ich fühle, wie Uriel die Füße sanft am Knöchel umfasst und die Reflexpunkte der Fußsohle berührt, mal zart, dann wieder mit etwas mehr Druck. Ich spüre kleine, kreisende Bewegungen an der Fußsohle. Die wohltuende Erzengelenergie flutet durch meinen ganzen Körper. Allein das Empfinden des Gehalten-Seins löst eine tiefe Welle der Geborgenheit in mir aus.

Liebe in der Unendlichkeit, ach, könnten wir doch immer in diesem Energieraum verweilen.

Erzengel Uriel segnet uns und flüstert zärtlich mit unseren Füßen, es ist, als würde er jede Zehe einzeln begrüßen. Engel können so süß sein, und sie sind hocherfreut, wenn wir sie wahrnehmen.

Plötzlich fällt mir das Stückchen Himmel wieder ein, das mir Erzengel Michael gegeben hat.

Suchend krame ich es hervor und staune. Der Schriftzug von vorhin ist verschwunden, nun steht da: „Liebe kommt oft auf ungewöhnlichen Wegen."

Liebe kommt oft auf ungewöhnlichen Wegen

Die Geistige Welt steckt voller Überraschungen, wer hätte gedacht, dass Erzengel so süß sein können. Kaum haben wir unsere Schuhe wieder angezogen, geht die Wanderung weiter.

Wo mag es uns jetzt hinführen? Wonach sehnt ihr euch? Es gibt etwas, das viele Menschenherzen in sich tragen, nämlich das Sehnen nach Liebe.

Kaum haben wir den Energieraum der unendlichen Liebe kennenlernen dürfen, tauchen wieder Fragen auf. Aber eigentlich möchten wir nur eins, nämlich die aktuelle Situation verbessern. Jeder von uns steckt in einem anderen Lebensthema, und trotzdem bündeln sich unsere Wege. Wir treffen uns und gehen ein Stück des Weges gemeinsam. So kommen wir an Stationen vorbei, die wie Wegweiser sind. Und plötzlich wissen wir, wie wir unsere individuelle Situation verbessern können.

Eigentlich geht es nur darum, Klarheit zu finden und zu wissen, was wir tun können, um den jeweiligen Wunsch in die Erfüllung zu bringen.

Erfüllung ist ein Wort, das ich sehr mag. Warum? Weil ich oft erlebt habe, wie etwas in Erfüllung gegangen ist.

Erfüllung kommt oft auf ungewöhnlichen Wegen? Oh, ja, und das Erste, was man auf den ungewöhnlichen Wegen lernt, ist Geduld. Gleich danach kommt das Vertrauen. Geduld und Vertrauen sind wie unzertrennliche Geschwister.

Ich mag das Wort Geduld nicht besonders. Aber das Erste, was ich bei dem Kontakt mit den Erzengeln gelernt habe, ist Geduld.

Nicht dass uns Engel warten lassen, oh nein, sie sind sehr zuverlässig. Es ist dieser Satz, der in den Botschaften, die ich empfangen habe, immer wieder aufgetaucht ist: „Die Zeit bist du selbst, darum kommt alles zur rechten Zeit." Also gilt es, dem eigenen Seelenweg zu vertrauen, und schließlich ist Geduld ein Sinnbild für Vertrauen.

Wenn wir zurücksehen, dann fällt auf, dass wir gerade dann ausgebremst wurden, wenn wir sehr in der Erwartung waren. Erzengel Michael nannte es sogar Kaugummi-Effekt. Wer flehentlich etwas erwartet, jede Sekunde des Tages voller Ungeduld den erfüllten Wunsch erwartet, nun, da passiert erst einmal gar nichts.

Erwartung erschafft einen Energieraum, der wenig anziehend ist. Null-Punkt-Energie, so nenne ich es. Da ist erst einmal Loslassen gefragt, das ist aber nicht so leicht, wenn ein Problem das Leben schwermacht.

Dabei vergessen wir ganz, dass das Problem uns auf ungewöhnlichen Wegen in die heilende Liebe führen kann.

Wenn eine Krankheit wie ein Damoklesschwert über uns schwebt, ist es nicht einfach, ohne Erwartung zu sein. Und schließlich sind wir immer noch zeitlich/vergänglich. Das heißt, uns fehlt oft die Zeit, die wir für die Heilung brauchen. Im wahrsten Sinne des Wortes.

Aber der Körper nimmt sich die Zeit, die er braucht. Und manchmal nimmt sich die Zeit den menschlichen Körper. Dann entscheidet sich die Seele, den Körper auf der Erde zu lassen und allein heimzureisen in die Geistige Welt. Für unsere Engel ist das ebenso eine Form von Heilung.

Ein Verlust ist schwer zu verkraften, ja, ich weiß es aus eigener Erfahrung. Aber später, Jahre später, können wir erkennen, dass es eigentlich keinen Verlust gibt. Und im besten Fall hat uns der Verlust in unsere Lebensaufgabe gebracht und zum Erdenengel gemacht.

Erdenengel, das sind wir! Manchmal fühlen wir uns sehr in der Liebe, dann wieder gar nicht. Das ist ok, denn egal, wie wir uns fühlen, wir sind LIEBE. Wir sind die irdischen Kollegen der Geistigen Welt.

So sehen uns die himmlischen Freunde auch, sie blicken nicht kopfschüttelnd auf unsere „Ohne-Flügel-Zeiten". Erzengel erkennen, wer wir in Wahrhaftigkeit sind. Für unsere Engel sind wir vollkommen.

Die Vollkommenheit, so wird der Himmel auch genannt. Da wir nun schon einmal hier sind, möchte ich den Raum zu den Aufgestiegenen Meistern öffnen. Mal sehen, wer uns ein Stück des Weges begleiten mag.

Aufgestiegene Meister hatten ein Erdenleben, wenigstens die meisten von ihnen. Die Meister machten irdische Erfahrungen, die sie mit ihrer geistigen Vollkommenheit in Einklang bringen.

Ich hatte, bevor ich auf das Stückchen Himmel geschaut habe, die Intuition, dass wir alle alte, weise Wesen sind. Die Menschen, die sich fürchterlich querstellen und andere verletzen, kommen nicht minder aus derselben Quelle wie wir.

So halte ich Ausschau nach ihr. Wer könnte besser über die Liebe Bescheid wissen als sie.

Ihr Name ist in meinem Herzen aufgetaucht, und mein Herz ist nun voller Freude. Ihre Energie ist sehr wohltuend, mütterlich, tröstend, beschützend, liebend. Sie hat die Fähigkeit, sogar die verhärmtesten Herzen zu erreichen und für die Liebe zu öffnen.

Lasst uns ihr die Hände reichen, ich bin gespannt, wie sie uns empfängt. Dass sie da ist, kann ich spüren, eine unverwechselbare gütige Energie kündigt sie an.

Mutter Maria:

„Schön, dass ihr bei mir angekommen seid. Herzlich willkommen, liebe Freunde. Das Leben ist in diesen Zeiten des Wandels ein Kraftakt. Es kostet Kraft, die anfallenden Pflichten zu erledigen, vor allem, wenn es dazu noch zwischenmenschliche Differenzen gibt.

Ich möchte euch einladen, ruhig näher zu mir zu kommen. Ich bin die göttliche Mutter Maria, und ich lade euch ein, mit mir gemeinsam euer bisheriges Leben zu betrachten.

Ich öffne dieses Lebensfester für euch. Was ihr seht, ist eure Gemeinsamkeit, ihr seid alle auf dem Weg zur lebendigen Lichtwerdung. Und ihr habt Liebe in euren Herzen.

Selbst wenn diese Liebe ein wenig versteckt ist unter all den mühseligen Gedanken, so ist sie trotzdem da. Dieser Liebesfunke kommt aus der Quelle allen Seins und ist das Mittel der Wahl, wenn ein Problem auftaucht. Wenn ihr euch mit der Schöpferliebe verbindet, dann braucht ihr vor nichts Angst zu haben.

Darum versucht man, euer Licht zu dimmen, denn die Industrie verdient an euren Problemen.

Die Menschen sind auf der Suche nach der Liebe, sie tun das auf sehr unterschiedliche Weise. Aber alles, was ihr tut, wird euch der unendlichen Liebe näherbringen.

Die Menschen sind auch auf der Suche nach einer Lösung für das jeweilige Lebensthema. Dazu ist die innere Einkehr nötig. Wer schwere Zeiten hinter sich hat, wandert gerne mal ein Stück des Weges ganz allein.

Das ist durchaus sinnvoll, so werden die äußerlichen Einflüsse weniger, und ihr könnt ganz bei euch selbst ankommen. Wer bei sich selbst ankommt, hat wieder den Zugang zur heilenden Schöpferliebe.

ff.

Dem Leben zu vertrauen ist nicht so einfach, wenn man im Dasein so oft auf die Nase gefallen ist, stimmt's?

Wenn das Auf-die-Nase-Fallen mit anderen Menschen zu tun hat, ist das, was ihr dabei lernen könnt, sehr intensiv.

Aber in Krisenzeiten entstehen aufbrausende Gefühle. Anhand der Gefühle, der Gedanken, des gesprochenen Wortes, des Handelns, wird viel Resonanz erzeugt. Das kann in Beziehungen, Freundschaften, in der Familie oder im Kollegenkreis allerdings zum Kontaktabbruch führen.

Daher rate ich euch, wartet ein wenig, bevor ihr reagiert. Wenn ihr sehr aufgebracht seid, dann atmet erst einmal einige Male tief durch. Und handelt dann immer so, wie ihr in derselben Situation behandelt werden möchtet. Jedoch, manchmal ist es für euch ein Schutz, wenn eine Person sich wegwendet, weil euch der Rucksack zu schwer geworden wäre, den ihr euch freiwillig aufgeladen hättet.

Ihr Lieben, ihr könnt das Verhalten anderer Menschen nicht ändern. Aber ihr könnt alles, was ihr bei anderen nicht mehr sehen möchtet, in euch erkennen, wandeln und heilen. So heilt ihr euch, und schlussendlich fällt es euren Mitmenschen leichter, ihr Verhalten ins Licht zu stellen.

Ganz schön viel Macht, liebe Erdenengel. Und Macht ist seit jeher das Problem der Menschheit. Die lichtvolle und die zerstörerische Macht, beides befindet sich auf einer Energielinie. Wer das eine lebt, wird auch in Kontakt kommen mit dem Gegenteil.

Manche Menschen leben bewundernswert gütig, sie vermeiden es, anderen wehzutun. Trotzdem kommen ausgerechnet die Lieben in Kontakt mit Menschen, die betrügen, lügen, stehlen und das Gegenteil von gütig sind, nämlich egoistisch.

Licht hat die Aufgabe, die Schatten zu erhellen. Wer viel Licht in sich trägt, wird automatisch die noch zu transformierenden Themen bei seinen Mitmenschen an die Oberfläche holen.

Die Menschen zeigen euch ihre unerlösten Themen mit ihrem Verhalten. Ihre Resonanz auf euer Licht kann so heftig sein, dass es euch selbst ein wenig vernebelt.

Bleibt bitte bei euch, und falls ein Resonanzsturm losbricht, der nicht euch gehört, dann geht ganz einfach in Deckung. Ihr seid die irdischen Kollegen der Geistigen Welt, und es ist uns ein großes Anliegen, euch zu behüten.

Die weltlichen Gepflogenheiten haben es manchmal in sich. Das Vernebeln ist übrigens eine Taktik, die ehemals von den grauen Gestalten stammt.

Wer viel Licht in sich trägt, wird bemerken, dass die Menschen, die noch Energien aus der Dualitätszeit in sich tragen, wie magisch angezogen werden.

Doch keine Sorge, das Licht wirkt wie ein schützender Puffer. Ihr dürft also immer selbst entscheiden, mit wem ihr Kontakt haben möchtet.

Die Erde transformiert alte Energieformen, und wenn das geschieht, werden die alten Energien auch im eigenen Verhalten auftauchen oder im Verhalten eurer Mitmenschen aufflammen.

Bitte verurteilt euch nicht und urteilt auch nicht über andere.

Das Urteil trennt und spaltet, und es geht im Zeitalter der Erneuerung doch um das friedliche Miteinander.

Wenn das friedliche Miteinander nicht möglich ist, weil man euch immer wieder in Konflikte führt, dann bleibt bei euch und zieht euch in euren Herzensraum zurück. Manche Menschen bitten ihre Engel um Schutz, aber sie schützen sich selbst nicht. Bitte zieht mit euren Engeln an einem Strang, wenn ihr sie um etwas bittet. So kann der Wunsch schneller in Erfüllung gehen.

Und weil ich weiß, dass jeder Leser ein anderes Päckchen trägt…, schließlich geht es ja darum, das Leben leichter zu machen, öffne ich…

...öffne ich, Mutter Maria, den heilenden Raum der liebenden Güte, Gelassenheit und Ruhe. Hier könnt ihr in Kontakt kommen mit den immerwährenden Gottesfunken in eurem Herzen."

Sarinah:

Wenn unsere himmlischen Freunde einen heiligen Raum öffnen, dann dürfen wir ihn auch mit Leben füllen, egal, wo wir uns gerade befinden.

Gerne beschreibe ich, wie ein himmlischer Raum wirkt, so können wir über das Lesen in diese Energie eintauchen.

Während Mutter Maria zärtlich mit uns spricht, werden die Geräusche um uns leiser. Die äußerlichen Reize verlieren ihre störende Wirkung. Plötzlich ist der energetische Raum um uns, ganz vertraut, leicht und erfüllt von Liebe. Wenn wir tief ein- und ausatmen, können wir die göttliche Energie besser aufnehmen.

Mutter Maria hat uns ein Geschenk gemacht. Wir dürfen in ihrer Energie der Güte und liebenden Weisheit so lange verweilen, wie wir möchten.

Und nun möchte ich dich an die Hand nehmen, ja, ich meine dich, liebe Leserseele. Du liest dieses Buch, und wir erleben es zusammen. Unsere Seelenverbindung ist uralt. Jedes Mal, wenn ich in dein Herz sehe, habe ich das Gefühl, dass unsere Herzen in der Geschwisterliebe pochen.

Seelenverbindungen können sehr intensiv und heilend sein. Während wir Mutter Maria lauschen, breitet sich Frieden in unserem Inneren aus. Göttliche Wesen haben eine innige Verbindung zu unserem Herzen. Allerdings sind wir manchmal so im Tagesbewusstsein, dass wir diese Verbindung nicht spüren.

Dann ist es gut, ein Buch zu haben, das uns wieder in das Fühlen der göttlichen Verbindung bringt. Ich blicke in dein Herz und kann dein Licht wahrnehmen, das Licht, der Funke, den du mitgebracht hast, als du geboren wurdest.

So vereint sich unser Leuchten, und wir wirken alle gemeinsam. Gerne würde ich jetzt einfach hierbleiben, mit dir zusammen den heiligen Raum genießen.

Natürlich können wir diese wundervolle Energie mit in unseren Alltag nehmen. Aber es ist eine Herausforderung, im Energieraum des Himmels zu bleiben, während da draußen der Sturm des Lebens tobt.

Oh, ja, Übung macht den Meister, da hast du Recht. Der immerwährende Gottesfunke in unserem Herzen ist wie ein innerer Leuchtturm. Durch dieses Licht haben wir die Fähigkeit, anderen Menschen durch ihre finstere Zeit zu helfen, damit sie die Heilung der schwierigen Lebensthemen finden können.

Wenn wir in der lichtvollen Kraft sind, haben wir sehr starke Manifestationskräfte und brauchen eigentlich vor nichts Angst zu haben, außer vor uns selbst. Wir setzen des Öfteren unsere medialen Kräfte gegen uns ein, nicht für uns. Die Resonanz von dem, was wir tun, sagen, fühlen, denken ist blitzschnell und verstärkt wieder zurück.

Das Licht der Schöpfung schützt uns also nicht vor uns selbst. Das heißt, wir dürfen Erfahrungen machen, und unsere zuständigen Engel müssen uns gewähren lassen. Sie respektieren unseren freien Willen und unseren Seelenplan.

Klar, die mächtigen Erzengel haben die Kraft, in Sekundenschnelle einzugreifen und eine Gefahr abzuwenden, das habe ich selbst oft genug erlebt. Trotzdem wäre es besser, wenn wir die kosmischen Gesetze für uns einsetzen, nicht gegen uns.

Während Mutter Maria uns segnet, beginnt der Gottesfunke in uns zu leuchten, er kommuniziert mit unseren Seelen.

Wenn du dich zurücklehnst und deinem Atem lauscht, kannst du das innere Leuchten fühlen. Es wird warm ums Herz, dein Atmen wird tiefer, und du wirst ruhiger.

Nun kannst du dir endlich wieder selbst vertrauen. Es ist alles gut, jeder Schritt, der dich hierhergeführt hat, war wichtig.

Du bist niemals allein, liebe Leserseele. Manchmal, so wie jetzt, ist der Energieraum, der sich für uns auftut, so schön gefüllt mit der unendlichen Liebe. Da pocht das Herz im Einklang mit dem Himmel. Natürlich, der Energieraum der liebenden Güte und Ruhe ist auch für uns da, wenn wir ihn nicht fühlen.

Die göttliche Mutter Maria segnet uns und breitet ihren blauen Mantel der Güte über uns. So behütet, geliebt zu sein, das ist doch Vertrautheit pur.

Liebe Leserseele, lass uns weiter in den Himmel eintauchen, ich bin gespannt, was wir noch alles zusammen erleben dürfen.

Jesus Christus: Tränen werden zu Perlen der Heilung

„Als ich vernommen habe, dass ihr kommt, habe ich mich auf die Bank gesetzt, um auf euch zu warten.

Für himmlische Wesen ist das Warten kein Problem, wir sind ja gänzlich ohne Zeit. Wenn die Seele den Körper durch den Tod verlässt, ist die Zeit plötzlich unwichtig, was zählt, ist die Vielfältigkeit. Die Seele ist sehr geduldig, der menschliche Träger eher nicht. Das führt manchmal zu Differenzen, die die Seele ausgleicht, indem sie Beschwerden des Körpers oder der Psyche auslöst. So wird der Mensch etwas besinnlicher und honoriert die Vielfalt des Lebens wieder.

Die Geistige Welt ist auch voller Vielfalt. Schaut hier, der Bachlauf, ihr könnt barfuß durch das knöcheltiefe Wasser waten. Wobei die Perlen, die das Bett des Bachlaufs bilden, euren Füßen wohltun. Wenn eure Füße in Berührung kommen mit den Perlen der Heilung, stellt sich ein prickelndes Wohlgefühl ein.

Es gibt nichts Zuversichtlicheres, als zu sehen und zu spüren, wie viel schon in die Heilung gegangen ist, stimmt's?

Die liebende Wohltat, von der ich vorhin sprach, ist auch ein Attribut des Himmels.

Jetzt kann ich eure Stimmen hören, ihr habt den Bachlauf entdeckt, ich höre euer vergnügtes Kichern.

Das kühle Wasser an euren Füßen tut wohl, und durch die Konzentration auf das, was ihr gerade empfindet, kommt ihr direkt bei mir an.

Ich bin der, der ich bin, immer war und sein werde: Jesus Christus.

Es ist mir eine Ehre, euch auf diese Weise begleiten zu dürfen. Mediale Reisen sind dazu da, die Menschen auf vielfältige Weise in die Heilung zu führen.

Liebe Freunde, öffnet euer Herz für Wunder, diese beginnen in euch, und ihr könnt sie dann mit anderen teilen.

Gerne wandere ich mit euch gemeinsam durch das Leben. Der Bachlauf kommt jetzt genau richtig, so könnt ihr euren Schritt verlangsamen und jede Träne ehren, die ihr bereits vergossen habt.

Das Wesentliche ist die Liebe, jeder Stein ist Liebe, alles, was du berührst, ist Liebe. Wenn du deine Aufmerksamkeit auf etwas lenkst, dann tu es in Liebe. Das macht das Leben sehr viel leichter und unterstützt den lichtvollen Wandel enorm.

Menschliche Liebe ist vielfältig, und wenn das Schöpferlicht hinzukommt, ist Liebe sehr heilend und magisch anziehend.

Darum versuchen die Mitmenschen, eure Aufmerksamkeit zu erlangen, es geht dabei um eure lichtvolle Energie. Die Mitmenschen versuchen unter anderem, an euer Licht zu kommen, indem sie euch zum Wortduell herausfordern.

Manche sind noch nicht bereit, das Licht direkt von der Schöpfung anzunehmen. Sie können aber das Licht gut von euch annehmen, und so erreicht sie irgendwann auch das höchste Licht der Schöpfung.

Während das Wasser eure Füße umspült, möchte ich euch die Geschichte des Bachlaufs erzählen.

Der Bachlauf entstand, als die Menschen anfingen, zu kontrollieren. Sie stellten sich gegen den Fluss und versuchten, die natürlichen Gegebenheiten der Fließkraft zu kontrollieren.

So erschuf der Schöpfer diesen Bachlauf, der einen natürlichen Ursprung hat, nämlich in euch selbst. Jede Perle, die sich darin befindet, war einmal eine Träne. Aber diese Perlen verwandelten auch die Traurigkeit in Lachen.

Der Bachlauf ist ein Sinnbild für den Fluss des Lebens. Und diese Fließkraft lässt sich nicht kontrollieren. Versucht jemand, die Fließkraft des Lebens zu kontrollieren, dann staut sich im Dasein etwas an. Schließlich schwimmt das weg, was beharrlich festgehalten wird.

Im Wasser befinden sich unendlich viele Perlen, jede Träne, die ihr geweint habt, ist eine Perle der Heilung.

Schaut nur, wie schön diese Perlen im Wasser glitzern. Ja, so viel Traurigkeit gibt es auf der Welt. Aber es gibt auch unendlich viel Glück auf der Welt. Jede Perle, die ihr hier seht, hat mit einer Träne begonnen und wurde dann zu einer Glücksperle.

Wenn ihr eine der glitzernden Perlen in die Hand nehmt, dann erinnert euch daran, dass diese einen Menschen von seinem Kummer heilte.

Dieser Bachlauf, in dem ihr gerade eure Füße badet, ist etwas Besonderes. Ihr könnt ihm folgen, dann werdet ihr durch die Fließkraft des Wassers zur Quelle allen Seins geführt.

Ich, Jesus Christus, begleite euch lebendig nach Hause. In der Schwingung des Himmels befindet ihr euch schon, es ist also nicht mehr weit.

Möge der göttliche Bachlauf jeden Menschen dort abholen, wo er gerade steht. Mögen die Glücksperlen euch helfen, die Leichtigkeit des Seins wiederzufinden.

Wer sich im Tränental befindet, hat es durch die mühseligen Gegebenheiten schwerer, sich eine lichtvolle Zukunft zu erschaffen. Das ist ein ungerechter Zustand. Darum bin ich, Jesus Christus, nun zu euch gekommen. Ich wandere ein Stück des Weges mit euch, um dafür zu sorgen, dass alles Schwere von euch weggeschwemmt werden kann.

Nun, ich darf euch die Tränen nicht wegnehmen, wenn ihr sie braucht, um etwas loszulassen, sind Tränen unerlässlich.

Aber ich kann euch helfen zu erkennen, dass Tränen nicht gleich Tränen sind. Jede Träne, die vom Fluss des goldenen Lichtes weggespült wird, wird zur Perle der Heilung.

So wertvoll sind diese Perlen, sie sind dazu da, die Menschen glücklich zu machen. Und das, ohne dass ihr die Perlen kaufen müsst. Denn das Wertvolle schlummert in euch: die Erfahrungen. Diese sammelt ihr durch das Erdendasein, und das ist unendlich kostbar.

Niemand kann euch die Erfahrungen und Erkenntnisse wegnehmen, mit diesem Schatz könnt ihr sogar in den Himmel reisen.

Und genau das habt ihr bereits getan, ihr tragt eure Erfahrungen in die Geistige Welt, indem euer Körper immer mehr Licht integrieren kann. So kommt ihr in der Schwingung der Liebe an, und zwar lebendig.

Was das bedeutet, könnt ihr nicht einmal erahnen, woher auch, das war ja so noch nie da.

So teilt ihr eure Erkenntnisse mit uns, und wir teilen unsere wiederum mit der Menschheit. Ein Licht kann unendlich viele Menschen erreichen. Das Licht, der Gottesfunke, erleuchtet immer den Weg, er erhellt die dunklen Tage genauso wie die hellen.

Die Dunkelheit kann eurem Gottesfunken nichts anhaben, im Gegenteil. In Zeiten, in denen es euch nicht gut geht, wird euch das Licht im Herzen nicht nur den Weg weisen, sondern euch, wenn ihr es zulassen könnt, mit dem Glück in Verbindung bringen.

Das Glück liegt in den kleinen Dingen, und diese sind nicht abhängig von Geld. Das, was zählt, wird euch ohnehin als Geschenk gegeben. Und wahre Freunde sind in dieser Zeit unendlich kostbar.

Freundschaft entsteht und lebt durch Güte.

So kommt zu mir, liebe Freunde, genug im Wasser gewandert. Kommt, ich trockne eure Füße und leuchte mit meinem göttlichen Licht durch alle eure Körperschichten. So können endlich die allumfassende Fülle und Güte zu euch kommen.

Die Liebe wohnt bereits in euch. Die Liebe ist wie ein zartes Pflänzchen, das gehegt und gepflegt werden will, und zwar mit gütiger Voraussicht.

Die gütige Voraussicht hat ihren Ursprung dort, wo die Menschenseelen herkommen, in der Quelle allen Seins.

Möge das weiße Licht der Schöpfung euch allezeit behüten, heilen und begleiten.

So sei es, seid gesegnet, ich bin, der ich bin, der ich war und immer sein werde: Jesus Christus."

Sarinah:

Der Bachlauf ist ein Sinnbild für den Fluss des Lebens. Jesus hat uns gezeigt, wie schön unsere Perlen der Heilung im Wasser glitzern und wie kostbar und heilsam diese schmerzhaften Erfahrungen sind. Der Fluss des Lebens ist immerdar, wir können ihn nicht verfehlen.

Wir gehen zwar unsere eigenen Wege, und trotzdem befinden wir uns als Gemeinschaft auf dem Weg zum vollkommenen Bewusstsein. Von dort sind wir gekommen, und wir gehen auch wieder dorthin zurück. Aber in dieser Epoche müssen wir nicht sterben, um zum Kern der Schöpfung zu kommen. Meine Worte können nicht ausdrücken, wie heilsam der Prozess der Lichtwerdung ist. Im wahrsten Sinne des Wortes, denn in der Schwingung des Himmels regeneriert nach und nach alles.

Trotzdem führen alle Wege nach Rom, auch wenn das Lebensrad zu früh verlassen wurde, jede Seele kommt zum Ursprung zurück.

Die Quelle allen Seins urteilt nicht, sie nimmt die Seelen genau so auf, wie sie in den Himmel kommen.

Und ich möchte es noch einmal betonen: Wir Lichtträger kommen lebendig dort an, wo für Lebende normalerweise kein Zugang ist. Das ist ein Event! Wow!

Die Schöpfung hat uns die Tore weit geöffnet, aber nicht nur das, wir werden von unseren himmlischen Freunden begleitet. Sie helfen und tragen uns sogar, wenn wir erschöpft sind.

Ich erinnere mich an das erste Zusammentreffen mit Jesus Christus. Damals hatte ich keine Kraft mehr, er tauchte gerade im richtigen Augenblick auf. Jesus sah mich an und wusste, dass es nicht mein Geist, sondern nur mein Körper war, der erschöpft war. So trug er mich, bis ich wieder alleine auf meinen Beinen stehen konnte.

Ich habe mich noch nie so geborgen, beschützt und geliebt gefühlt wie in dieser Zeit. Und dieses Gefühl der unendlichen Liebe ist bis heute in mir.

Ich habe nie mehr den Zugang zum Licht verloren. Und ich bin gerne wie ein Leuchtturm für andere, sodass jeder, der mag, dem Licht, das durch mich scheint, folgen kann.

Ich habe das tragende, göttliche Licht herzlich willkommen geheißen.

Manchmal muss man allerdings mit dem Rücken zur Wand stehen, damit man die Heilung und das Getragen-Werden durch die Geistige Welt zulassen kann. Warum? Weil wir es gewohnt sind, selbst zu agieren und Lösungen herbeizuführen. Aber wenn eine Lösung nicht genug ist, weil der Körper nichts dringender braucht als Heilung, dann ist es gut, wenn man sich in die Arme der göttlichen Engel fallenlassen kann. Manchmal muss man aufhören, sich gegen die Realität zu stellen, damit endlich Heilung geschehen kann. Unsere Engel unterstützen uns natürlich auch, wenn wir den herkömmlichen Weg der Gesundung einschlagen.

Fülle beinhaltet alles, was wir brauchen, um gut zu leben, natürlich gehören auch Gesundheit und Liebe dazu.

Fülle ist allerdings etwas, was man nicht für sich alleine beanspruchen sollte. Fülle will fließen. Damit sie auch anderen Menschen zugutekommt, ist also das Teilen der Fülle sehr wichtig.

Wenn wir versuchen festzuhalten, dann erleiden wir Verlust. Lassen wir im Vertrauen los und teilen mit anderen, dann kommt die Fülle zu uns zurück.

Wir dürfen mit unseren himmlischen Freunden durchs Leben gehen. Das ist wirklich ein außergewöhnliches Geschenk.

Die Geistige Welt erleben ist das, was unsere Engel mit uns teilen. Manchmal wehrt sich unser Verstand. Die Egoschatten melden sich und wollen uns weismachen, dass wir immer allein waren und es auch sein werden.

Wenn wir allerdings die Liebe und den Schutz der Geis-tigen Welt selbst wahrgenommen haben, dann können wir leichter daran glauben. Und ich bin dankbar, dass ich mit meinen Büchern ein Tor für das Fühlen des Lichts öffnen durfte.

Wir sind Liebe, und wir kommen alle aus dem Licht.

Endlich voll und ganz unser Herz leben, ohne Angst zu haben, verletzt zu werden, oh ja! Das setzt aber auch erst einmal ordentliche Transformationen frei. Auch wenn wir uns dagegen entscheiden, setzen diese Auflösungen irgendwann ein.

Das Herz zu leben ist leicht möglich, wenn wir in der Schwingung der Liebe sind. So bleiben wir noch eine Weile, wenn ihr mögt, und wandern gemeinsam durch den himmlischen Garten der Sinne.

Die Geistige Welt erleben wir, wenn wir unser Herz dafür öffnen. So schließt sich der Kreis, denn wir sind göttliche Wesen, die sich im pulsierenden Körper erfahren wollten.

Was für eine Zeit, was für eine Herausforderung, in dieser Epoche des Wandels zu leben. Trotzdem haben wir uns für diesen Zeitrahmen entschieden, also ist es auch zu schaffen.

Lasst uns zur nächsten Station wandern, mal sehen, wer dort auf uns wartet. Just in dem Moment fällt mir das Stückchen Himmel wieder ein. Glücklich lächelnd halte ich es in meinen Händen und weiß intuitiv, was jetzt darauf geschrieben steht: „Leben muss nicht heilig sein, aber Leben sollte immer so sein, dass man weder sich, noch andere verletzt."

Erzengel Raphael:
Torwege zum Glück

„Das Dasein ist wie eine Zugfahrt, die Menschen sitzen darin, sobald sie geboren werden. Den Zug zu verlassen ist erst möglich, wenn ihr dereinst von der Erde geht. Inkarnationen sind doch ziemlich mutig, schließlich wusstet ihr bei der Planung des Lebens von den Unwägbarkeiten. Ihr wusstet, dass ihr zwar gut behütet seid, schließlich ist der Pilgerzug ein Sinnbild für das Vertrauen. Aber trotzdem bleibt das Risiko der auslaugenden, menschlichen Verbindungen. Wenn Menschen eine Verbindung zueinander haben, die nicht fruchtbar, nicht gut für sie ist, dann kommt die Farbe Grau ins Spiel. Grau ist eigentlich eine wunderschöne Farbe, genauso wie Weiß, ja, aber was macht das Grau mit eurem Lichtkörper?

Menschen sind nicht planbar, besonders nicht ihr soziales Verhalten. Was Menschen tun, ist genauso wenig planbar.

Das sind ein paar der Unwägbarkeiten, die euch damals vor der Geburt, im süßen Zustand des Seelendaseins, dazu bewogen haben, euren Seelenvertrag vom Schöpfer selbst absegnen zu lassen.

Nun, der Schöpfer kann viel, aber er würde niemals die Lebenslust einer Seele mindern.

Und da seid ihr nun, mittendrin, und manchmal, seid ehrlich, auch ein wenig müde vom Leben.

Da kommt so eine Wanderung mit einem Erzengel doch gerade recht.

Ich bin Erzengel Raphael, wir wandern gemeinsam, und ich bitte euch, liebe Freunde, schaltet euer Herz auf Empfang. Der Verstand darf sich auch mal ausruhen, schließlich geht es jetzt um das Glück. Glück lässt sich nicht mit dem Verstand ergründen, fühlen aber schon. Alles, was ihr fühlen könnt, kann Realität werden. Wer glücklich sein möchte und selbst das kleinste Glück nicht fühlen kann, wird es schwerer haben.

Zufriedenheit ist der Schlüssel für das Glück. Sobald sich ein Hauch von Zufriedenheit einstellt, kann der Glücksraum sich öffnen.

Wir gehen einen steilen Pfad entlang, und der Abgrund ist an manchen Stellen wirklich nah. An anderen Stellen wiederum ist die süße Weite zu sehen. Wir blicken auf den Lebensweg, der hinter euch liegt, und ich, Erzengel Raphael, bin unendlich stolz auf euch.

Erzengel sind sehr weise, wir schauen auf euer Leben und sehen die Zukunft vereint mit der Vergangenheit. Darum ziehen Erzengel schon mal den Hut vor euch, weil wir wissen, wer da auf der Erde wandelt. Im Lebenszug sitzt, könnte man auch sagen. Der Zug ist nur ein Synonym für das Vertrauen in das bewegte Leben.

Das Leben ist bewegend, stimmt's? Kein einziger Tag vergeht, ohne dass irgendetwas in Bewegung ist. Stillstand ist eine Illusion, nichts steht still. Selbst wenn ihr das Gefühl habt, das nichts sich erfüllt, ist in Wahrheit die Erfüllung längst unterwegs zu euch.

Erfüllung klopft nie an, sie ist einfach da und möchte nur in Dankbarkeit angenommen werden.

Ein erfülltes Leben ist nur möglich, wenn die Vergangenheit euch nicht immer wieder einholt. Da sind Vergebung, Loslassen und Annehmen sehr wirkungsvoll. Die Reihenfolge ist unwichtig, weil es die individuellen Gegebenheiten sind, die euch zeigen, was ihr zuerst tun solltet. Die Menschen schieben gerne das Annehmen der vergangenen Erlebnisse ein wenig zur Seite, indem sie den Schmerz, der dazugehört, wegdrücken. Das moderne, schnelle Leben macht es leicht möglich, etwas wegzudrücken. Um nicht hineinfühlen zu müssen in den Schmerz, tun Menschen sehr viel.

Nun, die Auflösungen der leidvollen Erlebnisse kommen jedoch immer wieder. Wenn es der Körper ist, der darunter leidet, der den Schmerz durch eine Krankheit spiegelt, dann ist das zwar heftig, aber so kann der Auslöser des Schmerzes in die Heilung gehen. Und es kann Vergebung geschehen.

Wir gehen jetzt gerade über den Pfad, der sehr gut abgesichert ist, aber ihr könnt diese Absicherung nicht sehen, allenfalls fühlen. Da ist Vertrauen gefragt. Immer wieder kommt ihr im Dasein an Wegstrecken, die euch unüberwindbar oder sogar gefährlich erscheinen. Trotzdem geht ihr irgendwann los. Selbst langes Überlegen, Zaudern, Zweifeln, und müde machendes destruktives Denken können euch nicht stoppen, denn ihr geht euren Weg.

Ihr könnt nichts verpassen, liebe Freunde. Jede Erfahrung, die ihr machen wolltet, kommt, auf welche Weise auch immer, zu euch, wird auf dem Lebensweg auftauchen. Darum gibt es keine Schuld, Fehler, oder Zufälle auf der Erde. Weil der Mensch plant und Gott lenkt? Nein, in Wahrheit kommt alles zu euch, was ihr braucht, um euren eigenen Vertrag mit dem Leben zu erfüllen.

Das bedeutet aber auch, dass euch keine Schuld trifft. Egal, was geschehen ist, nichts hätte vermieden werden können.

Das Thema der Verurteilung ist fest in Menschenhand. Aber so lange die Menschen urteilen und auf andere herabsehen, kann es keinen Frieden auf der Welt geben. Außerdem, das Energiefeld der Missbilligung nährt die Kriegstreiber.

Die Kriegstreiber werden erst aufhören, mit Krieg und Vergeltung zu drohen, sie werden erst aufhören, Krieg anzuzetteln, wenn die Menschheit aufhört mit den Schuldzuweisungen und den privaten Fehden.

Das heißt aber auch, dass ihr ein wesentlicher Teil des Friedens seid. Die Macht geht vom Volk aus, das steht manchmal auf den irdischen Plakaten. Und tatsächlich, das Volk hat sehr viel Umsetzungskraft.

Aber nun lasst uns zum gemütlichen Teil übergehen, liebe Freunde. Während wir den steilen Steg hochgeklettert sind, ist in der Ferne eine Lichtkuppel aufgetaucht. Oh, übrigens keine Sorge, jeder kommt oben an. Wer strauchelt, wird von mir, Erzengel Raphael, persönlich getragen.

Die Geistige Welt macht es möglich? Ja, das stimmt. Aber dass wir diejenigen aufsammeln und tragen, die unter der Last des Lebens zusammenbrechen, das gilt ganz besonders auf dem irdischen Lebensweg.

Dieses Buch zum Beispiel ist entstanden, damit die Menschen eine Möglichkeit haben, die Liebe und die Begleitung ihrer himmlischen Freunde zu spüren. Wenn ihr etwas fühlt, könnt ihr es besser annehmen, und was ihr annehmt, kann auch gelebt werden.

Nun kommt aber, liebe irdischen Engel, die Lichtkuppel wartet auf uns. Wir wandern auf dem Weg zur Lichtkuppel durch eine saftige, grüne Wiese, auf der viele Heilkräuter wachsen. Wer mag, darf so viele Kräuter sammeln, wie die Hände tragen können. Allein das Schnuppern an den Heilkräutern und Blumen bringt schon eine immense Heilkraft in euer Sein.

Kinder wissen intuitiv, was ihnen guttut und was ihr Körper braucht. Kinder entwickeln die jeweiligen Vorlieben erst später nach dem Vorbild der Erwachsenen. Wenn sie noch ganz klein sind, sind sie voll und ganz in Verbindung mit der Geistigen Welt.

Je näher wir der Lichtkuppel kommen, umso mehr kann euer Körper aufatmen. Der menschliche Leib kann ohne das Licht der Schöpfung nicht mehr überleben. Die Zellen brauchen Lichtenergie, je mehr ihr davon bekommen könnt, umso besser.

Die jeweiligen Schwingungserhöhungen setzen zwar dem physischen Sein zu, aber nach dem anstrengenden Teil kommt die Belohnung. Nämlich die vollkommene Regeneration aller Körperschichten, und zwar von innen nach außen.

Für das Seelenwohl will auch gesorgt sein. Schließlich ist die Psyche es, die sich querstellt, wenn Körper, Geist und Seele nicht im Einklang sind.

Der Besuch einer Lichtkuppel ist sicher nichts Alltägliches, denn diese öffnet ihre Türen, wenn die Torwege beschritten werden.

Torwege führen immer zu Portalöffnungen, das ist zu vergleichen mit einem Lottogewinn.

Wenn der Himmel sich auftut, während du voll im Leben stehst, dann kommt viel Bewegung ins Leben. Diese Bewegung schwemmt alles von dir weg, was mit deinem Licht nicht konform geht. Das mag schmerzhaft sein, vor allem, wenn du festhältst. Aber du kannst auf der Wanderung der Torwege nichts verlieren. Alles, was du in Liebe loslassen kannst, was mit deiner Seelenplanung, mit deinem Licht übereinstimmt, kommt zu dir zurück.

Torwege können übrigens beim Lesen sehr gut beschritten werden. Wenn ihr spirituelle Bücher lest, werdet ihr von den zuständigen Räten des Lichts begleitet. Diese öffnen für euch die Energietore, so könnt ihr behütet und in Liebe lebendig aufsteigen. Hand in Hand mit uns, der Geistigen Welt, durch die Portalöffnungen wandern. Das macht das Leben doch sehr viel leichter, denn die Energiemuster, die ihr sowieso integriert hättet, kommen so etwas lieblicher, ohne die heftigen Transformationswehen, in euer Sein. Je lichtvoller euer Sein, umso leichter wird das Leben, umso mehr seid ihr die Fülle selbst.

Der Besuch der Lichtkuppel ist ein Dankeschön an euch. Liebe Leserinnen und Leser, ohne euch wäre der Aufstieg der Erde nicht möglich gewesen. Die regenerierende, segenbringende Energie der Lichtkuppel möge euch helfen, das erschaffende Sein voll und ganz zu leben.“

Sarinah:

Als wir bei der Kuppel ankommen, empfängt uns ein goldener Lichtschein. Diesen Ort habe ich schon mehrfach in der Meditation gesehen. Es ist etwas Besonderes, dass wir hier sein dürfen. Die Lichtkuppel wird sonst nur von unseren himmlischen Freunden besucht. Das irdische Wesen hier sein dürfen, ist selbst für mich erstaunlich. Wunderbar, schließlich können wir bei den heftigen Transformationen jede Hilfe gebrauchen, die uns zuteilwird.

Lasst uns hineingehen, das Tor steht weit offen. Es sieht aus, als wäre hier alles mit Kerzenschein beleuchtet. Ich wundere mich, wo das Licht herkommt, denn Kerzen sehe ich keine.

Dieser goldene Lichtschein ist überall, es gibt keinen einzigen Schatten hier. Verwundert drehe ich mich ein wenig um die eigene Achse und sehe, dass hier wirklich alles durchleuchtet ist, auch wir!

Als ich mich genauer umsehe, erkenne ich, dass diese Lichtkuppel unsere menschliche Realität mit der des Himmels vereint. Wir sind gleichzeitig auf der Erde und im Himmel.

Der Boden der Lichtkuppel ist behaglich warm, und mit großer Freude sehe ich, dass es ein Fußbecken gibt. Hier können wir nachher unseren Füßen etwas Gutes tun. Wie sich wohl der eigene Körper im Himmel anfühlt? Die Frage taucht in mir auf, als ich das Stückchen Himmel berühre.

Spiegel gibt es hier keinen, so betaste ich meinen Körper, und jetzt bin ich so überrascht, dass mir beinahe das Stückchen Himmel aus der Hand gefallen wäre. Elastisch, zart und erstaunlich seidig, so fühlte sich vorhin auch der Engel an, den ich berührte.

Wieso fühlt sich unser Körper im Himmel engelhaft, anders an? Weil sich unser Hautbild durch den Aufstieg verändert? Ich nehme mir vor, Erzengel Raphael danach zu fragen, doch erst einmal ist es dieser Ort, der mich so fasziniert.

Als wir den heiligen Raum der Kuppel mit unserer Aufmerksamkeit betrachtet haben, hat es angefangen. Es ist, als wenn der Himmel sich auftun und all die Pracht des Universums zeigen würde.

„Das Leuchten kommt von ganz oben", sagt eine Stimme neben mir. Jetzt erst bemerke ich, dass du mit verwundertem Blick immer wieder deine bloßen Füße betrachtest. Liebe Leserseele, du schaust dir deine Füße an, und ich gucke ebenso verwundert nach oben. Von wo soll das Leuchten kommen, sagst du?

Nun folge ich deinem Blick, ja, du hast Recht, wir sind wahrhaftig Licht. Es ist kein Schatten zu sehen. Und wenn wir uns bewegen, können wir unseren Seelenstrahl sehen, der flirrend und in einer wunderschönen Farbenpracht nach oben wandert und sich mit dem Schöpferlicht vereint.

Die Bewegung unseres Körpers bewirkt, dass unser eigenes Licht anfängt zu vibrieren. Das ist so faszinierend, ich habe nie etwas Schöneres gesehen.

Die Kuppel sieht aus wie eine universelle Bibliothek, das Ambiente ist warm und sehr heimelig.

Mir fehlen die Worte vor Glück. Ich kann jetzt unser eigenes Energiefeld sehen. Dass unsere Energie so hell sein würde, dass alle Schatten weichen, ist selbst für mich eine Überraschung.

„Wo sich viele Lichtträger zusammenfinden, bündelt sich das Licht, und so entstehen Heilungsräume, die sogar Schattenabsorbierend wirken", das antwortet Erzengel Raphael gerade.

„Das bedeutet, dass alles, was uns nicht guttut, alles, was uns blockiert, vom Licht der Lichtkuppel aufgelöst wird?", frage ich Erzengel Raphael. „Ja, Sarinah, jede Fremdenergie, die an euch haftet, alles, was euch von der Fülle weghält, löst das gebündelte Liebeslicht auf. Das, und noch viel mehr, denn wo viel Licht ist, hört Leid auf.

Wie ihr wisst, setzen vorher Transformationen ein, und ihr lebt genau das, was von euch weggespült wird. Aber in diesem heiligen Raum der Lichtkuppel sind selbst Transformationen sehr lieblich.

Die Menschen tragen das göttliche Licht in die Welt hinaus, und so kann es überall dort wirken, wo noch Dualitätsenergien vorhanden sind."

Während Erzengel Raphael gesprochen hat, ist mir das Stückchen Himmel wieder eingefallen. Ich habe es berührt, und schon taucht eine weitere Antwort auf. „Es geht um unser universelles Wissen, um unser Gewahrsein. Sobald wir Zugang haben zur göttlichen Universität, können wir unser wahres, freies Sein leben. Vollkommen frei von Abhängigkeiten zu sein, das wünschen sich viele Menschen."

Was gibt es Schöneres, als das Seelenwohl zu nähren, morgens aufzustehen und voller Freude in den Tag hineinzufühlen. Was will ich heute erleben, was tut mir gut? Wem mache ich heute eine Freude?

So möchten die meisten Menschen den Tag beginnen. Und können es nicht, weil Abhängigkeiten, wie zum Beispiel Termindruck, sich durch ihr Leben ziehen wie ein rotes Band. Was gibt es Schlimmeres, als unzufrieden und ewig mit Problemen kämpfend durchs Leben zu eilen?

„Haben wir eine Wahl?" Deine Stimme ist mir so vertraut. Liebe Leserseele, wenn du sprichst, dann taucht dieses schöne warme Gefühl in meinem Inneren auf. Aber ja, ich weiß mit Sicherheit, wir haben eine Wahl, denn wir unterschätzen unsere eigenen medialen Kräfte enorm. Wir sind in der Lage, unser Leben so ins Positive zu drehen, dass für alle Beteiligten das Beste kommen kann.

Doch wer dauernd mit Schwierigkeiten zu kämpfen hat, wird kraftlos, das ist verständlich. Wie soll jemand seine medialen Fähigkeiten für sich einsetzen, wenn die Kraft dafür nicht da ist? Wie oft habe ich schon mit den Erzengeln darüber diskutiert. Und ich plädiere immer dafür, dass mitzufühlen nicht das gleiche ist wie selbst zu erleben.

Ist es respektlos, wenn ich so mit den Engeln spreche? Nein, ich glaube nicht, die göttlichen Wesen lieben nichts mehr wie ehrlichen Austausch.

Die Erzengel sind ohnehin der Auffassung, dass die Schwierigkeiten da sind, weil wir Meisterengel sind.

„Die Flügel wachsen euch nicht einfach so, ihr bekommt Zugang zum universellen Wissen, indem ihr Täler und Berge durchschreitet. Auf den geraden Wegen würdet ihr nicht so tatenreich lernen, über euch hinauszuwachsen", sagte Erzengel Raphael eine Nachts zu mir.

Außerdem haben wir eine gute Chance auf eine bessere Welt. Es hat doch schon längst begonnen. Aber das Problem ist die Zeit, die vergeht, denn schließlich hält unser Körper die dichten Dualitätsenergien immer weniger aus.

Da kommt dieser Heilungsraum gerade recht. So lasst uns die weise, gütige, liebende Energie der Lichtkuppel genießen.

Erzengel Raphael:

„Die Lichtkuppel ist ein Ort der Zeitlosigkeit, hier könnt ihr verweilen, so lange ihr mögt.

Die Zeit ist in Wahrheit nur ein Zeichen der sich wiederholdenden Abläufe. Alles, was sich wiederholt, wird auf Erden in Zeit gemessen. Das ist ein Relikt aus den frühen Gründerjahren.

Eure Ahnen hatten allerdings mit der Zeit nicht diesen Stress, der euch heimsucht, wenn die Stunden davonzulaufen scheinen. Darum ist es wichtig, dass ihr heilende Räume aufsuchen könnt, weil diese dem Stress und dem Altern entgegenwirken. Wenn sich euer Energiefeld mit der Geistigen Welt verbindet, dann beginnt der Körper, erleichtert aufzuatmen.

Indem ihr spirituelle Bücher lest, findet ihr Zugang zu den himmlischen, kraftspendenden Energieräumen. Und bald sind Krankheiten nicht mehr so angsteinflößend, da der Mensch gelernt hat, sich durch universelle Energieräume zu regenerieren.

Und, vor allem: Wer sein Herz für die Heilungsräume öffnen kann, wird die eigenen medialen Kräfte
besser und zielgenauer einsetzen können. Das ist Erleichterung pur, es lohnt sich also, Bewusstseinsräu-
me wenigstens in Erwägung zu ziehen.

Übrigens, euer Körper fühlt sich im Himmel anders an, weil die hohen Energien einen Regenerati-
onsschub bewirken. Sobald ihr euch beständig im
Energieraum der Schöpfung aufhalten könnt, bleibt
der Verjüngungseffekt voll und ganz bei euch.

Zurzeit ist es noch so, dass ihr hin- und herswitcht.
Mal seid ihr in der Liebe, dann holt euch irgendein
Ereignis auf den Boden der Tatsachen zurück. Das ist
anstrengend, und das sieht man euch manchmal an.

Dieses Hin- und Herswitchen ist aber normal,
schließlich geht es auch um das Ausbalancieren hin
zum göttlichen, lebendigen Sein. Und es geht um die
Erdung, die gebraucht wird.

Das Nach-Hause-Tragen des Körpers, also lebendig heimkommen in die Energie der Geistigen Welt, hat gute Fortschritte gemacht. Ich möchte sogar sagen, dass die alten Glaubenssätze, das destruktive Denken über das Älterwerden, das beschwerliche Reden über Krankheiten, all das wird von euch heimgetragen. Und wenn ihr erkannt habt, was ihr erkennen wolltet, wird das Schwere durch das Licht der Geistigen Welt aufgelöst, von euch weggespült.

Alles, was ihr dafür tun solltet ist, die mühseligen Gefühle, Gedanken und Sprachmuster loszulassen, (loslassen heißt in dem Fall, aufhören, es zu tun!) und zu vertrauen.

Schaut, während ich, Erzengel Raphael, gesprochen habe, hat die Lichtkuppel die Beleuchtung geändert. Ein warmer Orangeton kündigt auf Erden meistens die Abendstunden an. Wenigstens verbinden die Menschen diesen Ton mit dem abendlichen Nach-Hause-Kommen.

Nun kommt, liebe Freunde, setzt euch zu mir und lasst uns zusammen das warme Wasser des Fußbeckens genießen. Was gibt es Schöneres, als das Farbenspektrum der Erde und des Himmels so vereint zu sehen, während die Füße im warmen Wasser relaxen dürfen. Euer Weg hin zum vollkommenen Bewusstsein ist noch lange nicht zu Ende.

Der Körper vollbringt Höchstleistungen, sogar nachts wird transformiert. Bitte hört auf euer Herz und gönnt euch Gutes. Ein Fußbad mit einem Erzengel kommt da genau richtig.

So seid gesegnet mit der Energie der Göttlichkeit, in Liebe, Erzengel Raphael."

Sarinah:

Als ich meine Beine aus dem Wasser hebe und leise aufstehe, um euch nicht zu stören, da sehe ich ihn.

Er steht einfach da und lächelt. Ich wusste, dass er kommt, schließlich habe ich seine Aufmerksamkeit schon gespürt, als wir bei der Lichtkuppel angekommen sind.

Langsam und mit Freude im Herzen gehe ich auf ihn zu. Meine Füße hinterlassen nasse Spuren. Fasziniert schaue ich zurück und sehe, wie ihr mit Erzengel Raphael am Beckenrand sitzt. Das Plätschern des Wassers und euer Lachen begleiten mich, bis ich bei ihm bin.

Er ist ein wirklich guter Zuhörer. Manche behaupten sogar, dass er alles hört und sieht, auch das, was vor ihm geheim gehalten wird.

Beinahe hätte ich ihn berührt, ich würde zu gerne wissen, wie er sich anfühlt. Dieses Mal wage ich es jedoch nicht. Er scheint aber meine Gedanken gelesen zu haben und streckt mir seine Hände entgegen. Warm und erstaunlich fest ist sein Händedruck. Wenn man seine Hände einmal gespürt hat, möchte man, dass diese Berührung nie mehr aufhört.

Seine Energie ist väterlich, fürsorglich, aber niemals besorgt. Besorgt habe ich ihn noch nie erlebt. Das gibt mir Hoffnung, macht mich froh. Schließlich weiß er, in welcher Misere die Menschheit gerade steckt. Er ist aber sehr zuversichtlich, das ist ein gutes Zeichen.

Wie oft ich schon bei ihm war, und manches Mal hat er mich auch gesucht. Nicht dass er nicht in jeder Sekunde wüsste, wo ich bin. Nein, wenn er nach uns sucht, dann ruft er unsere Seelen. Uns verbindet eine Liebe, die wirklich unendlich ist.

Barfuß stehe ich nun vor ihm. Ich habe so viele Fragen und bin sicher, dass er Antworten gibt, ohne dass ich die Fragen stellen muss.

Gerne öffne ich diesen Raum für uns alle. Wann kann man schon einmal mit jemandem sprechen, der Weltenlehrer genannt wird. Er wird auch der kommende Buddha genannt, manche bezeichnen ihn auch als den kommenden Christus.

Aber er ist bereits hier! Und die Leute warten immer noch auf ihn? Das ist ein wenig skurril, und ich glaube, typisch menschlich. Wir warten, und dabei ist das, worauf wir warten, längst da. Weil wir so fixiert sind auf das, was kommt, sehen wir nicht, was direkt vor uns ist.

Er selbst war es allerdings nicht, der sich den Titel Weltenlehrer verliehen hat, das waren die Menschen, denen er geholfen hat.

Er empfängt mich gütig lächelnd und fängt an zu sprechen.

Lord Maitreya:

„Vielen Dank, liebe Sarinah.

Liebe Erdenengel, es ist mir eine Freude, bei euch sein zu dürfen. Eure Seelen haben nach mir gerufen, und da bin ich.

Seelen rufen zu unterschiedlichen Zeiten nach mir, sie tun es nicht, weil sie wissensdurstig sind, sondern weil sie Liebe sind und Liebe sie magisch anzieht.

Seelen sind unendlich wissend. Sie haben jederzeit Zugang zur göttlichen Bibliothek.

Das universelle Wissen schlummert in jedem Menschen, manche haben Zugang dazu, manche noch nicht.

Wissen ist nicht Macht. Das Wissen umsetzen zu können, das, ihr Lieben, ist sehr mächtig!

Die Menschen haben seit jeher ein Problem mit der Macht. Vor allem dann, wenn sie selbst ihre lichtvolle Macht nicht angenommen haben.

Ich bin Lord Maitreya, ich bin Liebe, so, wie ihr auch, und ich bin, ich lebe!

Als ich eure Stimmen hörte, das Plätschern des Wassers, euer Lachen, da wusste ich, ihr seid in der Obhut eines Erzengels.

Die Schwingung eines Menschen verändert sich lichtvoll, wenn ein Erzengel in der Nähe ist. Dann werden sogar die Menschen zuversichtlich, die sonst immer ein wenig schwermütig sind.

Wer viel nachdenkt, hat oft ein wenig Schwermut im Gedankengut und findet dann nicht mehr heraus aus dem selbsterzeugten Strudel. Dann ist es gut, wenn ein Lichtwesen kommt. Der Mensch kann aufatmen und aus dem Strudel herausgezogen werden.

Lichtwesen helfen, wo sie dürfen. Wir sind es gewohnt, dass die Menschen laut nach Hilfe rufen, wenn sie eigentlich schon gerettet sind. Das ist ein Phänomen, das in der Geistigen Welt wohl bekannt ist.

Wenn ihr stark in euren Problemen steckt, dann könnt ihr den Lichtschein nicht gleich sehen, der am Horizont auftaucht. Das ist durchaus verständlich, schließlich macht eine Zeit voller Sorgen sehr müde.

Der dichte Nebel, der die Menschen umgibt, wenn sie in Angst, in Sorge sind, hat allerdings auch etwas Gutes. Der Gedankennebel wirkt wie ein Hilferuf in die Geistige Welt.

Die Geistige Welt ist so etwas wie die göttliche Feuerwehr. Und die Geistige Welt ist universeller, als ihr denkt.

Die Erdenbürger sind alle universeller Herkunft, auch, und vor allem die, die sich als Patrioten sehen. Das Universum ist die Heimat aller Seelen, so schließt sich der Kreis.

Ihr seid diejenigen, die vom Schöpfer ausgesandt wurden, um die Erde zurück ins Licht zu holen.

Liebe Freunde, ihr seid sehr erfolgreich. Die Erde ist bereits heimgekehrt in die himmlischen Dimensionen.

Aber die Erde schüttelt sich, sie wirft alles ab, was noch Dualitätsenergien in sich trägt. Gaia hat keine andere Wahl, sie muss Transformationsszenarien einleiten, damit das jeweils neue Lichtspektrum sich etablieren kann.

Genau das Gleiche tut euer Körper auch, er will alles loswerden, was noch aus der Zeit der Dualität stammt.

Selbst wenn ihr schon Licht seid, finden natürlich noch Transformationen statt, und das ist gut so, denn Licht hat die Aufgabe, die umgebenden Schatten zu erhellen. Licht löst die Schatten nicht einfach so auf, sondern erhellt sie und führt sie somit zurück in den Ursprung des Lichts.

Der menschliche Körper ist aus Sicht der Geistigen Welt ein Wunder. Und der Leib braucht das Licht aus der Quelle allen Seins, um gut durch diese Transformationsprozesse zu kommen.

Zeitenwandel bedeutet immer auch Zellwandel. Und manchmal ist es der Schlaf, der benötigt wird, um den Zellwandel voranzutreiben. Im alltäglichen Geschehen würde euch dieser Prozess zu sehr ermüden. Darum ist es wichtig, dass ihr auf euren Körper hört und ihm die Ruhe gebt, die er benötigt.

Jeder Mensch reagiert anders auf die Aufstiegsenergien, weil kein Körper dem anderen gleicht. Bleibt bei euch, liebe Freunde, die Bedürfnisse eures Gegenübers sind nicht auf euch übertragbar.

Versucht, authentisch zu sein. Eure Seele dankt es, indem sie immer mehr von dem wundervollen göttlichen Licht in euer Sein integriert.

Es gibt verschiedene Wege, das göttliche Licht zu integrieren. Der Schlaf zum Beispiel, dieser Weg ist zwar etwas gemächlicher, aber dafür sehr gut auf euch abgestimmt.

So finden zwar auch Transformationen statt, diese sind im Land der Träume allerdings nicht so anstrengend.

Die Menschen haben so lange auf diese Zeit des Wandels gewartet, verständlich, dass sie gerne den schnelleren Weg wählen, um Licht zu werden.

Der schnellere Weg hin zum göttlichen Sein ist der bewusste, und diesen Pfad geht ihr gerade. Wer das Bewusstsein klärt und gleichzeitig den Alltag bewältigen muss, hat manchmal das Gefühl, ganz allein auf sich gestellt zu sein. Dann ist es sehr heilend und hilfreich, beim Lesen auf diejenigen zu treffen, die schon in der Geistigen Welt an eurer Seite waren.

Manche Menschen denken, der Himmel wäre weit weg. Das ist aber nicht der Fall, im Gegenteil. Wir sind euch sehr nah, wir teilen unser Sein schon sehr lange mit euch.

Geliebte irdische Freunde, es ist uns eine Ehre, wenn wir an eurem Leben teilhaben dürfen. Diese Verbindung öffnet sich, sobald das Licht des verkörperten Aufstiegs euch erreicht.

Unser gemeinsamer Weg hat also längst begonnen, und nun sind wir zusammen hier. Während sich die wohltuende Energie der Lichtkuppel wie eine mütterliche Umarmung um euch schmiegt, segne ich euch mit dem unendlichen göttlichen Segen.

Ich bin, Maitreya."

Sarinah:

Und nun, was machen wir nun? Möchtet ihr im Energieraum der Lichtkuppel bleiben oder weiterwandern? Maitreya hat irgendwie eine Lücke hinterlassen. So ist es immer, wenn er auftaucht, ist alles gut, und sobald er sich verabschiedet, vermisse ich ihn.

Und ich vermisse noch jemanden. So viele Gespräche haben wir schon geführt. Ich frage mich, wo er bleibt.

Kaum habe ich meine Aufmerksamkeit auf ihn gerichtet, da taucht er auf. Seine Art, die Dinge in die Heilung zu bringen, ist ganz außergewöhnlich. Er hat eine besondere Gabe, er ist sehr einfühlsam, fast würde ich sagen, unendlich anpassungsfähig.

Wenn er sich wie jetzt zu uns setzt, dann wirkt das, als wäre er nie weg gewesen.

Seine ruhige, verständnisvolle Art bringt uns in die Zuversicht, dass die Lebensthemen, die wir haben, nicht nur zu bewältigen sind, sondern wir dadurch auch wachsen können.

Neugierig blicke ich in seine Augen. Darin ist so viel Weisheit zu sehen, aber ich sehe heute auch etwas anderes in seinen Augen, nämlich Wehmut.

Es ist Harry, der Erdenengel, er ist einer von uns, trotzdem ist er so etwas wie ein Aufgestiegener Meister. Ich will nicht unhöflich sein, aber Harry ist eine Mischung aus allen Lichtwesen, die ich je getroffen habe. Er ist schon ziemlich außergewöhnlich. Und genau das zieht mich an. Klar, in uns allen steckt ein hohes Lichtwesen. Die meisten Menschen tragen das aber nicht nach außen, sie verstecken ihr wahrhaftiges Sein ein wenig unter dem Tarnmantel der Normalität.

Das ist kein Vorwurf, schließlich lebe ich ja genauso und kann gut nachempfinden, dass inkognito zu sein manchmal das Leben erleichtet.

„So lange du selbst weißt, wer du in Wahrhaftigkeit bist, so lange du dich selbst nicht verlierst, kannst du ruhig dein Tarnkleid anbehalten, Sarinah. Die Lichtträger erkennen sich untereinander sowieso. Erzengel Michael bat dich, du mögest mit deinen Schützer-Erzengeln an einem Strang ziehen und vorsichtig sein.

Schließlich, den grauen Gestalten bist du nicht wichtig, wenn sie dich als alltäglich einstufen. Um die grauen Gestalten geht es dir doch, Sarinah. Darum zeigst du nicht jedem sofort dein Licht."

Harry, der Erdenengel, hat Recht, aber als er sprach, kam mir die Idee. Wie wäre es, wenn wir die Erde erlösen, indem wir die grauen Gestalten mit Liebe fluten? Graue Gestalten sind übrigens keine Seelenjäger, sondern Körperjäger. Sie schädigen Mensch und Tier mit ihrer Profitgier und nehmen dabei in Kauf, dass andere dabei körperlich zu Schaden kommen. Solche Typen gibt es noch zuhauf auf der Welt, da ist unser Lichtdienst gefragt.

Nun höre ich ihn schluchzen, erstaunt sehe ich mir den Erdenengel genauer an. Harry hat ganz rotgeweinte Augen.

Ein wenig unsicher nehme ich ihn in den Arm. Kaum habe ich das getan, kann ich sehen, was seinen Schmerz ausgelöst hat.

Es ist der Schmerz des Verlassen-Seins, der in uns allen schlummert. Jeder von uns kennt diesen Schmerz, getrennt von der Liebe zu sein. Die unendliche Liebe, nichts tut mehr weh, als dieser Verlust, obwohl es nur ein scheinbarer Verlust ist. Aber Gefühle sind manchmal übermächtig.

Wenn Liebe wehtut, hat der Verstand erst einmal Pause. Ich finde aber, dass wir weiterwandern sollten. Durch das Wandern beruhigt sich Harry, und wir können alle gemeinsam den Himmel weiter entdecken.

Jetzt habe ich eine Eingebung, liebe Leserseele. Bitte führe uns, zeige uns deinen Engelsraum!. Wenn du magst, dann begleiten wir dich. Ja, ich fühle, dass du uns jetzt genau in unsere Mitte führst.

Manchmal, so wie jetzt, kann ich dein Herz sprechen hören. Ich spüre dabei die typischen Engelschauer auf der Haut, die süß und zuversichtlich mein physisches Sein fluten. Wenn ich mit dir in Verbindung bin, empfinde ich mehr denn je die unendliche Liebe.

Wenn dein Herz spricht, dann beantwortet es all die unerlösten Fragen. Dein Herz tut das in einer so bezaubernden Art. Es ist, als wenn du die Essenz aus den Antworten nehmen würdest und diese mitten in den Raum stellst. So kann jeder das erkennen, was erkannt werden will.

Du würdest niemals etwas in den Raum stellen, wovon du nicht überzeugt bist, stimmt's?

Das ehrt dich, du bist authentisch, das liebe ich so an dir, und ich liebe dein Licht.

Aber du hast es nicht eilig. Du setzt dich zu mir und Harry und sprichst mit ihm von Herz zu Herz.

Wenn Engelhilfe sichtbar wird

Sarinah hat mich Leserseele genannt, damals, als sich unsere Seelen das erste Mal berührt haben.

Wenn sich Seelen in Liebe berühren, dann öffnet sich der Himmel, und man kann hineinsehen. Und das Beste ist, man kann hinein*gehen*, den Himmel erleben, ohne gestorben zu sein.

Wenn Liebe wehtut, dann ist plötzlich alles nebensächlich, es zählt nur noch, dass der Schmerz endlich aufhört. Wenn es die eigenen Kinder sind, die diesen Schmerz auslösen, tut das nicht minder weh.

Wer in diesem Zustand des Liebeskummers versucht, die Situation zu klären, indem er festhält, wird weggestoßen. Schon oft habe ich selbst versucht festzuhalten, um etwas zu verändern, mich zu rechtfertigen oder die Freundschaft zurückzugewinnen, die ich verloren glaubte. Später erst wurde mir bewusst, dass Festhalten niemals ein Zeichen der Liebe ist.

Selbst Kinder möchten von ihren Eltern nicht fest-gehalten, sondern bedingungslos und nicht bedingt geliebt werden. Die eigenen Kinder und auch die Haustiere lehren uns, wie bedingungslose Liebe geht.

Festhalten wird auch oft gerechtfertigt, indem man sagt, dass es dabei um Beschützen ginge. Das mag bei kleinen Kindern und sturzgefährdeten Leuten gelten. Aber Festhalten im Sinne von Liebesbeweis und Kontakt und Nähe einzufordern, geht niemals gut.

Das, was du in der Unendlichkeit liebst, kannst du nicht verlieren, Harry. Es ist tatsächlich so, darum ist es so wichtig, dass wir üben, in Liebe loszulassen.

Wir lernen es ja gerade. Die Menschen um uns herum schubsen uns in unsere Aufgaben.

Mir geht es um so vieles. Ich möchte ein sorgenfreies Leben. Ich möchte viel bewirken, ohne viel Aufwand. Ich möchte mehr Zeit für mich. Ich habe Wünsche, die manchmal erfüllt werden, manchmal nicht.

Wenn ich euch so zuhöre, wird mir eins klar: Wir haben unser Los selbst in der Hand. Wir sollten die medialen Kräfte für uns nutzen, nicht gegen uns. Das ist ein Satz, den wir uns in dicker roter Schrift auf den Spiegel schreiben sollten, sodass wir schon morgens beim Zähneputzen daran erinnert werden, dass wir lichtvoller sind, als wir denken.

Das Glück in unserer Hand, das liest sich sicher schön. Aber die Umsetzung hat es in sich.

Ich frage mich die ganze Zeit, wie sich Engel im Leben auswirken. Oh, eigentlich weiß ich es, und mir geht es auch nicht um Beweise. Mir geht es um den heutigen Tag. Was haben die Engel heute alles für mich bewirkt?

Das ist mein Engelraum, den ich gerne für euch öffne. Der Energieraum, der Engelhilfe sichtbar macht.

Dass die Engelhilfe da ist, weiß ich mit absoluter Sicherheit. Lasst uns doch einmal in die Auftragsbücher der Schutzengel schauen.

Oh, ja, die Schutzengel kamen noch nicht zu Wort. Mal sehen wo sie sich herumtreiben…

Sarinah:

Der Raum, der Engelhilfe sichtbar macht? Das ist eine gute Idee! Also dann, liebe Leserseele, folgen wir dir einfach. Du führst uns genau dorthin, wo die Essenz der Dinge zu finden ist.

Kaum habe ich mich gefragt, wo wir die Schutzengelversammlung finden können, hast du sie schon entdeckt.

Aber unser Erdenengel Harry ist schneller als wir, zumindest ist er voller Begeisterung vorangeeilt.

Harry:

„Liebe Leserseele, liebe Sarinah, liebe Freunde, vielen Dank für die liebevolle Aufmerksamkeit und die Einladung, die ihr dadurch ausgesprochen habt. Ich bin gerne bei euch, es ist mir eine Ehre und Freude, und ich habe das Gefühl, nun wird es spannend.

Ich bin der Erdenengel Harry und einer von euch, aber ich bin auch ein Lichtwesen, so, wie ihr auch sehr lichtvolle Wesen seid.

Wenn Liebe wehtut, wird Schutzengelhilfe sichtbar? Ja, das ist tatsächlich so. Wenn wir zurücksehen auf unser Liebesleid, dann sehen wir, wie Schutzengel uns bewahrt haben. Ja, bewahrt, sonst wären wir jetzt nicht hier. Wir hätten uns vor lauter Leid irgendwann aus dem Staub gemacht.

Du findest die Schutzengel übrigens, wenn du den Atem anhältst. So habe ich es vorhin gemacht.

Unsere Schutzengel sind sehr wachsam. Wenn wir aus dem Affekt heraus etwas Ungewöhnliches tun, kann man sie kurz sehen, da sie sich dann in ihrer ganzen Beschützer-Größe zeigen. Du hältst den Atem an, und schon tippt dir dein Schutzengel auf die Schulter, weil er möchte, dass du schön weiteratmest.

Schutzengel kann man nur schwer überraschen, sie wissen im Voraus, was wir vorhaben, ja, das mag sein. Schutzengel haben aber den göttlichen Auftrag, uns vor Aussetzern zu bewahren.

Unter anderem, denn unsere Engel des Schutzes tun sehr viel mehr für uns, als uns vor Aussetzern zu bewahren. Sie verhindern alles, was wir laut Seelenplanung nicht erleben wollten. Sie können uns zwar nicht vor jedem Abrutschen bewahren, sonst würden wir ja nicht dazulernen. Aber sie verhindern alles, was uns vom Weiterleben abhalten würde.

Ich mag das Wort Hindernis nicht, das hatten wir im Dasein genug. Für unsere Engel ist ein Hindernis nur eine Lernerfahrung. Und mit Engeln an deiner Seite kannst du sowieso nicht untergehen. Jetzt denkt bestimmt so manch einer, warum die Schutzengel nicht alles Tragische verhindern? Nun, den Seelenplantod darf selbst Gott nicht verhindern.

Wenn Engel uns alles aus dem Weg räumen würden, jeden Stolperstein, alle oft selbst gemachten Barrieren, dann wären wir längst tot.

Wir sind ja hier, um Erfahrungen zu machen, und wenn wir keine machen können, weil alles super gut ist, läuft die Lebenszeit ins Leere.

Leere fühlt sich fürchterlich an, so, als würde das Lebensende kommen. Wir erschaffen Realität mit dem Gefühl, und wenn wir nichts mehr fühlen können, ist das ein Fiasko.

Natürlich ist es auch eine Erfahrung, in einer depressiven Stimmung zu sein, aber eine der schmerzhaftesten. Schmerzhaft, weil alles an uns darunter leidet. „Leid ist wie eine sichere Treppe zum hohen Bewusstsein", sagte Erzengel Michael. Na, diese sichere Treppe ist im Fall einer Depression aber wirklich nur zu erahnen.

Wie kann man jemanden wieder ins Fühlen bringen? Das ist sicher individuell. Aber wenn der Raum der Depression mit Licht und Liebe geflutet wird, bringt das sicher ein wenig Erleichterung.

Seufz, reich an Erfahrungen zu sein, ist sehr kostbar. Reich an Geld zu sein, ist zwar bestimmt schick, aber das macht nicht automatisch glücklich. Und ein erfülltes Leben stellt sich nicht ein, nur weil man viel Geld hat.

Mal sehen, was unsere Schutzengel dazu sagen. Hier sind viele Engel, sie sind immer um uns herum. Schutzengel sind uns immer nah.

Schutzengelversammlungen sind eigentlich nur ein Zeichen, dass viele Menschen gerade das Gleiche tun. Jeder Mensch hat Schutzengel, und wenn wir uns versammeln, um zum Beispiel ein Engelbuch zu lesen, dann tun das unsere Engel auch. Wo Bücher sind, sind auch Schutzengel, denn sie lieben Bücher. Der Energieraum der Beschützerengel ist gefüllt mit Büchern, die aus der Unendlichkeit kommen.

Gechannelte Bücher, die aus der Geistigen Welt empfangen werden, kommen aus der Unendlichkeit. So schließt sich der Kreis, denn hier könnt ihr auch die Werke sehen, die erst später veröffentlicht werden. Bücher, die das Bewusstsein klären und Kontakt zum Himmel herstellen, sind als Blaupause in der Geistigen Welt vorhanden, und zwar lange vor der Veröffentlichung. Der Schöpfer vertraut darauf, dass die Autoren sich beim Schreiben an ihren Auftrag erinnern.

Und da sind wir schon mitten unter ihnen. Schutzengel zu interviewen ist gar nicht so leicht, sie haben ja immer so viel zu tun.

So lasst uns ihnen zuhören. Ich bin dafür, dass wir uns zu ihnen in diese gemütliche Leselounge setzen. Und der nächste Engel, der vorbeifliegt, ist unser Gesprächspartner.

Wie spricht man eigentlich einen Schutzengel an?

Ich kann beobachten, wie Sarinah versonnen auf das Stückchen Himmel in ihrer Hand schaut, und dann blickt sie wieder auf die vielen Bücher im Raum. Sie weiß bestimmt, wie man Engel anspricht."

Sarinah:

Das Ansprechen, indem man den Namen und den Titel des Engels erwähnt, ist eine Möglichkeit, ja. Aber Schutzengel melden sich meistens selbst zu Wort, sie brauchen keine Aufforderung. Zumindest der hier nicht, du liebe Güte, er hat sich das Stückchen Himmel geschnappt und schreibt etwas darauf.

Ziemlich frech, dieser Engel, er gibt mir das Stückchen Himmel zurück, und da steht mit krakeliger Handschrift geschrieben:

„Wer nicht an Engel glaubt, darf das ruhig tun, aber Engel glauben immer an dich!"

Wenn du zurückblickst auf dein Leben. Wenn du dir ansiehst, wie oft du schon Glück gehabt hast, dann siehst du auch deine Engel, sie werden sichtbar durch ihr Wirken.

Jeder Mensch hat eine andere Wahrnehmung. Die einen erkennen ihre Engel sofort, wenn sie sich zeigen. Andere sehen geradewegs in die Geistige Welt hinein und sind davon überzeugt, dass das, was sie erblicken, nur Phantasie ist.

Engel sind Energiewesen, sie sind Licht und Liebe, sie sind immer für uns da. Engel beweisen sich nie, sie geben allenfalls Zeichen.

Lieber Schutzengel, was hast du heute alles so gemacht?

Statt zu antworten zieht der Engel ein Buch aus dem Regal. Er muss richtig fest daran ziehen, seine Wangen werden rot vor Aufregung, das sieht so süß aus.

Er gibt mir das Werk in die Hand und schlägt es sofort auf. Die erste Seite hat etwas Magisches an sich, so etwas Schönes habe ich noch nie empfunden.

Es ist, als wenn mich das Werk beim Lesen einladen würde, aber nicht nur das: Das Buch gibt mir die Hand, und so darf ich eintauchen. Und ich bin sofort EINS mit dem, was da steht.

Seufzend vor Wohlbehagen setze ich mich auf die gepolsterte rote Lounge, die für uns bereitsteht, und lade euch ein, euch zu mir zu setzen. Lasst uns gemeinsam dieses Buch erleben.

Wir tun es bereits? Ja, das stimmt! Aber wir haben vergessen, dass das geschriebene Wort sehr viel mehr kann als Zusammenführen. Nämlich: Liebe sichtbar machen.

Sichtbar wird das Geschriebene nicht durch Bilder, die im Kopf auftauchen, sondern durch Gefühle und wachgerufene Erinnerungen.

Erinnerungen an unser Sein im Himmel, was könnte wahrhaftiger sein als das?

Die Wahrhaftigkeit der unendlichen Liebe ist keine Flucht vor der Realität, es _ist_ die Realität!

Oh, mein Gott, das Werk, das ich in Händen halte, lebt! Es hat unvermittelt angefangen, in Liebe zu wirken, als es geöffnet wurde.

Sind der Himmel und die Erde längst so intensiv miteinander verbunden, dass die irdische Realität ein Teil des Himmels ist und umgekehrt?

Das ist gut für uns, aber es muss fürchterlich sein für euch Engel. Ich denke dabei an all die grauen Gestalten, die immer noch versuchen, den lichtvollen Wandel auf der Welt aufzuhalten.

Voller Mitgefühl lege ich das Buch in meinen Schoß, sehe hoch und blicke euch direkt in die Augen.

Eure Augen sind so wissend, sie haben unendlich viel gesehen. Wenn ich euch so ansehe, taucht das auf, was eure Schutzengel heute alles für euch getan haben.

Und nun kommen mir die Tränen. Ich weine, weil ich erkenne, dass die Schutzengel vollkommen in der Liebe und ohne Erwartung wirken. Sie erwarten nicht einmal, dass wir ihr Wirken bemerken. Gleichzeitig schäme ich mich so sehr, dass ich unwillkürlich den Kopf senke. Ich schäme mich vor unseren Engeln, weil sie allein am heutigen Tag so viel für uns getan haben.

Die Ablenkungen durch das moderne Leben, die vielen Herausforderungen im Privatleben und Beruf. All das führt dazu, dass wir nicht darauf achten, wie sehr unsere Engel unseren Bitten nachgehen. Wie sehr Engel zu Hilfe eilen, fällt uns meistens erst dann auf, wenn wir in einer Notsituation sind, aus der wir unbeschadet hervorgehen.

Engel zeigen sich immer und berühren uns so, dass unser freie Wille gewahrt bleibt. Anfangs sind Engel sehr zart, erst wenn wir mehr von ihnen empfangen wollen, werden sie deutlicher.

Engel achten immer darauf, dass für alle Beteiligten das Bestmögliche eintrifft. Dieses Geschenk kann nicht jeder Mensch annehmen. Oft ist der Ärger, die Wut so groß, dass man sich nur alleine als begünstigt sieht. Die alten Glaubensmuster führen dazu, dass wir immer wieder in Konflikte geraten. Konflikte, in denen es zum Beispiel um die Egoschatten geht, sind ermüdend, aber so kann auch transformiert werden.

Wir sind so sehr auf unseren Körper konzentriert, dass wir nicht wahrnehmen, wie intensiv unsere Seele nach jeder Möglichkeit greift, um uns an unsere Göttlichkeit zu erinnern. Die Seele erinnert an die eigene Göttlichkeit, indem sie Engel in unser Leben einlädt.

Und da sind wir nun und sitzen in dieser Schutzengel-Lounge. Wir haben eine Schutzengelversammlung besucht. Ein Schutzengel hat dieses wundervolle Buch in meine Hände gelegt. Darin steht, dass keine Sekunde des Tages ohne Hilfe aus der Geistigen Welt vergeht.

Diese Hilfe wird meistens erst sichtbar, wenn Liebe wehtut. Wenn Liebe wehtut, sind wir im Herzen. Wer sein Herz fühlt und lebt, kann irgendwann die Hilfe der Geistigen Welt sehen.

Ohne die Hilfe der Schutzengel gäbe es uns und die Erde nicht mehr. Ohne die Hilfe der Geistigen Welt wären wir schon in der Vergangenheit verloren gewesen, und in diesen Transformationszeiten sowieso.

Wir sind ein Team, das waren wir immer. Wenn du dich fragst, wie Engel aussehen, dann schau in deine Augen. Wenn du dich fragst, was sie heute schon für dich getan haben, dann leuchte in dein eigenes Herz.

Harry, der Erdenengel, streckt seine Hand aus, und ich reiche ihm das Buch der Engel. Er wird zwei Hände brauchen, um es zu halten, nicht weil es so schwer ist, nein. Das Buch der Engel löst Erkenntnisse aus, und diese wiegen schwer.

Klar, Erkenntnisse sind wertvoll. Das, was wir erleben, wenn wir Erkenntnisse erlangen, wiegt allerdings oft schwer. Aber das ist okay.

Schließlich sind wir Meister im Erschaffen von Realität, und wenn sie uns nicht mehr gefällt, schaffen wir sie halt wieder ab.

Ich blicke mich um, es sind unglaublich viele Bücher in den Regalen. Jedes von ihnen ist ein Begleitbuch, das die liebevolle Hilfe der Geistigen Welt schwarz auf weiß in sich trägt.

Eines dieser Bücher hältst du gerade in deiner Hand. Liebe Leserseele, mein Herz sagt mir, dass dich deine Engel zu uns geführt haben. Und ich freue mich sehr auf das, was wir auf unseren medialen Reisen noch alles erleben werden.

Weißt du, dass es dein Schutzengel war, der mir vorhin das Engelbuch in die Hand legte? Er ist ein Robin Hood-Engel, du darfst unendlich stolz auf ihn sein. Stolz im Sinne von Ehren, Achten und Anerkennen ist doch okay.

Ich habe noch nie einen Schutzengel gesehen, der so geglüht hat wie dein Robin Hood-Engel. Ja, er ist in Liebe zu dir.

Und nun ist dein Engel hier. Er ist aufgeregt, seine Wangen sind ganz rot, so sehr freut er sich, mit dir zu sprechen.

Dein Engel hat eine persönliche Botschaft für dich.

Schutzengel

„Mein geliebter irdischer Engel, wie sehr ich mich freue, auf diese Weise mit dir sprechen zu können.

Schutzengel werden in Büchern viel zu selten erwähnt, dabei sind wir diejenigen, die blitzschnell eingreifen und so manches Unheil verhindern.

Weißt du, ich bin stolz, dass ich dein Schutzengel sein darf. Schließlich bist du durch deine Bewusstwerdung dem Himmel ganz schön nahe.

Manchmal lenke ich dich auf deinen Wegen so, dass du auf Menschen triffst, die dir guttun, die dich inspirieren. Manchmal halte ich dir auch Menschen vom Leib, die dir überhaupt nicht guttun.

Ich bin dein persönlicher Engel und darf viel für dich tun, aber nicht alles. Schließlich bist du auf der Erde, um Erfahrungen zu machen, und die sind kostbar.

Ich sitze an deinem Bett, wenn du einschläfst, und bin da, wenn du aufwachst, um dich durch den Tag zu begleiten.

Du liebst Astralreisen, und wahrscheinlich weißt du nicht jedes Detail davon, aber deine Seele ist fast jede Nacht unterwegs.

Wenn deine Seele nachts deine Sternenfamilie besucht, bist du am nächsten Tag ganz besonders guter Dinge.

Die Sternenfamilie ist deine Ursprungsfamilie, von dort kommst du, und dahin gehst du, wenn du dereinst die Erde verlässt.

Das Universum ist der Ursprung der Menschheit. Du hast die Geschichte, dass der Mensch vom Affen abstammt, noch nie so richtig geglaubt, stimmt's?

Die Gelehrten wissen zwar vieles, aber manches bleibt ihnen verschlossen, weil sie die Wahrhaftigkeit nicht sehen wollen.

Der Mensch kommt aus dem vollkommenen Bewusstsein und geht lebendig dahin zurück!

Auf dem Weg der Bewusstwerdung sammelst du alles auf, was dir nutzt, um deinen Seelenplan zu erfüllen.

Und ich sammle dich auf und trage dich, wenn du müde bist. Manchmal, wenn du zurücksiehst, weißt du selbst nicht, wie du eine Krise überstanden hast. Aber du hast sie gemeistert, und ich habe dir dabei geholfen.

Engelhilfe ist sehr vielfältig. Am liebsten habe ich es, wenn du mir erlaubst, dass ich für alle Beteiligten das Beste herbeiführen darf.

Engel können aber schwer eine gute Lösung herbeiführen, so lange der Mensch mit seinem Willen festhält. Loslassen ist sehr heilsam und einer Wunscherfüllung sehr dienlich.

Mein lieber irdischer Engel, Wünsche sind die Stimmen der Seelen. Die Seele weiß, warum sie das Signal eines Wunsches sendet. Seelenwünsche, die du im Herzen trägst, sind also immer realisierbar. Wünsche gehen in Erfüllung, bitte höre nicht auf, daran zu glauben.

Dieses Buch, das du gerade liest, haben dir deine Engel eines Nachts in den Schoß gelegt. Als es dann in deiner Realität auftauchte, hattest du sofort Verlangen danach. Es verbindet dich mit der unendlichen Liebe, und du darfst in der Liebe der Geistigen Welt baden. Liebende Begegnungen, die heilsam sind, kommen oft auf ungewöhnlichen Wegen, stimmt's?

Mein lieber irdischer Engel, ich bin glücklich, dass ich dein Ritter in der Not, dein Schutzengel, der immer bei dir ist, sein darf.

In tiefer Vertrautheit, ich liebe dich so,

dein Schutzengel."

Harry:

„Ich bin so fasziniert. Die Schutzengelversammlung, dieser Raum voller Bücher, die Energie der ewigen Liebe, die hier zu spüren ist, eure Anwesenheit…, das alles lässt mich schweben.

„Sobald das Geschriebene dein Herz erreicht, fängt dein Herz an, mit dem Buch zu kommunizieren.

Dein Herz sehnt sich nach so vielem, aber vor allem braucht dein Herz Ruhe, Heilung und Liebe." Diese Worte sagte Erzengel Michael zu mir. Ich war früh aufgewacht, lag da und grübelte. Erzengel können einem schon mal ein wenig auf die Füße treten, im Sinne von Wachrütteln.

Das ist gut so. Wie oft bin ich durch meine Grübelei schon an meine Grenzen geraten, weil ich durch das schwere Gedankenzeugs Realität erschaffen habe.

Das Engelbuch liegt in meinen Händen, und ich kann es kaum erwarten, darin zu lesen. Ich habe nur so lange gewartet, bis du bei mir bist.

Komm, setz dich zu mir, liebe Leserseele, lass uns gemeinsam genießen. Sarinah ist so fasziniert von der Schutzengelversammlung, sie geht durch die Regalreihen und scheint etwas zu suchen. Sie guckt auf das Stückchen Himmel in ihrer Hand und dann wieder auf die Bücher.

Dein Schutzengel hat neben dir Platz genommen, seine Wangen glühen immer noch vor Aufregung.

Weißt du, dass die Unendlichkeit der Geistigen Welt etwas in uns bewirkt, das man wirklich als Wunder bezeichnen kann?

Nämlich die Fähigkeit, medial zu reisen und dadurch Klarheit, Heilung und unendliche Liebe zu erfahren. Und dafür ist nicht unbedingt eine Meditation nötig. Ein Buch tut es auch.

Komm und lass dich von deinen Engeln umarmen, liebe Leserseele. Ich schlage intuitiv ein Kapitel auf und lese dir daraus vor, du darfst dich zurücklehnen und entspannen.

Wer sich auf einer medialen Reise befindet, wird in Kontakt kommen mit all den göttlichen Wesen, die seit jeher an der Seite des Reisenden sind. Die Schutzengel zum Beispiel sind nicht nur Begleiter des Schutzes. Sie sind auch dafür da, dass du auf deinem Weg der Bewusstwerdung die Menschen triffst, die ihr Licht mit dir teilen.

Die mediale Reise ist eng verknüpft mit der Bewusstwerdung. Die Bewusstwerdung ist nur ein anderes Wort für den verkörperten Aufstieg ins Licht.

Im Grunde ist es so, dass die Menschen immer lichter werden und ihr Umfeld auch. Das auflodernde Tohuwabohu ist ein gutes Zeichen, dass sich der Wandel auch vollzieht. Das Licht des Wandels kommt von der Schöpferquelle.

Wenn dir ein Buch in die Hand gelegt wird, das dich auf eine mediale Reise führt, ist das sehr kostbar, denn es dient deiner Seele genauso wie deinem Körper. Außerdem werden durch das Lesen die Bewusstseinstalente wachgekitzelt.

Was Körper und Seele dient, macht unter anderem das Herz gesund und unterstützt es bei den emotionalen Auf-lösungen.

Manche Menschen suchen die Schuld bei sich oder bei anderen. Sie sind davon überzeugt, dass die Welt schlecht ist und man auf ihr nur bestehen kann, wenn man sich dem Verhalten der grauen Gestalten anpasst. Aber die Schuld-frage ist ein Programm der grauen Gestalten und hat nichts mit der lichtvollen Seite zu tun.

Nachdenklich und von der Liebe erfüllt, die das Engelbuch ausstrahlt, lege ich das Buch in meinen Schoß.

Wir sollten unsere mediale Reise fortsetzen, wir treffen mit Sicherheit beim nächsten Kapitel auf denjenigen, der uns bei der Lichtflutung der grauen Gestalten hilft.

Schließlich geht es dabei auch um die Erde. Wenn wir ihr helfen, muss sie sich nicht mehr so extrem schütteln, um das graue Zeug zu transformieren.

Um ehrlich zu sein, ich bin auch sehr interessiert an der Herzheilung, weil es um unsere Gesundheit und vor allem um unsere Beziehungen geht.

Mir ist das Herz manchmal so schwer, weil ich mich nicht immer an den positiven Nachrichten erfreuen kann. Manches Mal sehe ich überall den Schwarzen Peter.

Geht es dir auch so, liebe Leserseele? Du nickst nachdenklich, und während wir uns in die Augen sehen, kommt Sarinah zu uns.

Sie gibt uns beiden die Hand und zieht uns hoch, mit einem Lächeln deutet sie auf den Weg, der sich gerade für uns auftut.

Dein Schutzengel hat sich längst erhoben; er ist bereit, mit uns gemeinsam zu wandern.

Sonnenuntergang – Abschiedsschmerz Eine Reise in den Himmel geht zu Ende

Sarinah:

Harry sprach von den grauen Gestalten und deren Lichtflutung. Das tun wir bereits, und zwar, indem wir durchs Leben gehen. Immer wieder werden wir durch unsere Erzengel in Kontakt mit Menschen geführt, die unser Licht brauchen. Wenn sie sich aber entscheiden, unser Licht nicht anzunehmen, ist das für uns wie eine Kontaktsperre. Jedenfalls fühlt es sich für mich so an.

Nun lasst uns zusammen mit allen, die sich in diesem Buch zu Wort gemeldet haben, Licht und Liebe senden. Wir fluten den Energieraum der grauen Gestalten mit unserer Liebe und dem segnenden Licht der Schöpfung.

Liebe Erdenengel, lasst uns zusammen weiterwirken. Die Aufgabe der Transformation in uns und im Außen ist noch sehr umfangreich.

Was wir in uns erlösen, wird auch im Außen erlöst werden.

Das Energietor, das sich jetzt aufgetan hat, sieht nach Verabschiedung aus. Und schon empfinde ich das süße Ziehen in meiner Brust.

So schaue ich auf das Stückchen Himmel in meiner Hand, und da steht mit Großer Schrift: „Abschied ist nur ein Übergang, deine Engel begleiten dich."

Ja, ich fühle diesen süßen, ziehenden Abschiedsschmerz. Doch dieses Mal will ich ihn überlisten. Wir beenden diese mediale Wanderung nicht, wir fangen nur ein neues Lebenskapitel an, okay? So lasst uns langsam zum Ausgang des Himmels gehen.

Gerade bin ich etwas ratlos, welchen Weg wollt ihr gehen? Wir haben mehrere Möglichkeiten. Aber ich spüre, dass uns jede Abzweigung dahin bringt, wo unsere Seele sich erfahren kann. Seelen erfahren sich mal auf gemeinsamen, dann wieder auf unterschiedlichen Wegen.

Erzengel Michael begleitet uns. Mit einem wehmütigen Ziehen im Herzen kommt der Abschiedsschmerz nun trotzdem. Und ich lasse es zu, ich fühle gleichzeitig dein Herz, liebe Leserseele. Wie viel wir schon zusammen erlebt haben, kaum ein Tag vergeht, an dem ich nicht an dich denke. Es erfüllt mich mit tiefer Freude, dass du zu uns gefunden hast.

Deine Engel haben dich geführt, und du bist dem Ruf der Liebe gefolgt? Ja, die Liebe unserer himmlischen Freunde ist unwiderstehlich und sehr heilsam.

Aber nun ist es Zeit...

Schließlich ist jedes Buch einmal zu Ende. Jedoch, unsere Reise ist unendlich, sie wird niemals enden.

Auch wenn wir unterschiedliche Lebenswege gehen, eins haben wir gewiss gemeinsam: die Liebe zu den Engeln.

Sie führen uns so, dass wir uns wiederfinden werden, um unsere gemeinsame Wanderung ins Licht fortzusetzen.

Ich taste nach dem Stückchen Himmel in meiner Hand und teile es gerne mit euch. Möge das Buch, das ihr jetzt in der Hand haltet, das Stückchen Himmel für euch sein. Möge es wie ein Tor zum Himmel für euch sein, sodass ihr jederzeit in den Genuss kommen könnt, nach Hause zu reisen, in die unendliche Liebe.

Die unendliche Liebe wohnt in uns. Sobald das Herz in dieser Liebeschwingung vibriert, taucht der Himmel auch im Außen auf.

Was wir innerlich gefunden haben, können wir auch im Dasein leben.

Erzengel Michael hat uns am Anfang dieses Buches in Empfang genommen, und er ist nun wieder hier, er wird uns segnen und zur Pforte des Himmels begleiten.

Die Pforte des Himmels liegt tief in uns, im eigenen Herzen. So haben wir jederzeit Zugang zur himmlischen Heimat, und unsere Engel sind ohnehin bei uns.

Liebe Leserinnen und Leser, es ist mir eine Ehre, euch begleiten zu dürfen, und wenn ihr mögt, dann treffen wir uns wieder in den nächsten Seelenverträgen.

Ich durfte das Stückchen Himmel, das ihr nun in der Hand haltet, von der Geistigen Welt empfangen. Ich bringe es zur Erde, indem ich es aufschreibe und wahrhaftig lebe. Möge es euch in diesen Transformationszeiten stützen und immer mit der heilsamen, göttlichen Liebe vereinen. Möge euch das Buch all das geben, was es mir geschenkt hat, nämlich unendliche Liebe, Glück, Heilung, Fülle und den Segen der Geistigen Welt.

Während die Sonne mit einem warmen, zauberhaften Schein untergeht, lehne ich mich glücklich an Erzengel Michael. Ich habe mich noch nie den himmlischen Freunden so nah, so sehr in der Liebe gefühlt wie in dieser Zeit. Gerne gebe ich diesen Segen an euch weiter.

Und nun möchte noch jemand mit dir sprechen, liebe Leserseele, dein Schutzengel wartet auf dich…

Bis gleich, in Liebe, Sarinah Aurelia.

Schutzengel: Nachwort

„Das Nachwort gehört ganz uns, liebe Leserseele. Ich bin dein Schutzengel, und ich genieße es, mit dir gemeinsam den Wechsel der Jahreszeiten zu erleben. Wenn Tage kommen, in denen du das Leben eher schwer findest, dann bin ich dir ganz nah.

In guten und in schlechten Tagen, kennst du das? Ja, wir sind eine Einheit, wir sind wie liebende Geschwister, und das schon sehr, sehr lange. Schutzengel sind persönliche Engel, niemand kennt dich so gut wie ich.

Schließlich sind wir jeden Tag zusammen, du und ich. Wir waren auch schon in der Ewigkeit eine Einheit, so sehr, dass wir wie Zwillingsseelen wirkten.

Ich bin du, und du bist ich, wahrhaftig! Was ich dir damit sagen will? Hast du schon einmal daran gedacht, dass du selbst ein Schutzengel warst? Klar, und ich war damals die Menschenseele, die du beschützt hast.

Das hast du vergessen? Och, das ist nicht schlimm. Weißt du, du wärst ja nicht hier, wenn du dich so richtig klar an die Schönheit des Himmels erinnern könntest. Dann wärst du sicher in der Geistigen Welt geblieben. Im süßen Seelenzustand ist alles leicht und zu schaffen. Wahre Liebe erfährst du aber erst, wenn du diese Liebe einmal verloren geglaubt hast.

Wer immer in Liebe ist, weiß ja nicht, wie es sich anfühlt, wenn man Liebe verliert.

Das Erdenleben hat es in sich? Ja, da hast du Recht. Trotzdem ist nichts so schön, wie einen Körper zu haben. Den Leib so mit der Seele zu verbinden, dass diese nicht alleine heimreist, sondern voller Freude den Körper mitnimmt, das ist eine wahre Meisterleistung.

Sobald die Einheit zur eigenen Seele gespürt wird, öffnet sich das Tor zum Himmel. Manchmal ist es auch ein Buch, das den süßen Raum zur ewigen Liebe öffnet. Und dann geht das Tor zum Himmel ganz leicht auf, weil du beim Lesen auf deine himmlischen Freunde triffst.

Das Stückchen Himmel ist Gold wert für die eigene Wunscherfüllung.

Wünsche sind mal mit, mal ohne Flügel. Die Wünsche mit Flügel gehen immer in Erfüllung.

Übrigens, weißt du den Grund, warum ein Schutzengel inkarniert, um Mensch zu werden?

Ja, stimmt, der menschgewordene Schutzengel bringt den Menschen ihre Flügel und bekommt seine in Form der Bewusstseinstalente.

Eigentlich hast du deine Flügel nie verloren, du hast nur vergessen, dass sie da sind. Auch wenn sie unsichtbar sind, kannst du dich auf deine Flügel voll verlassen. Sie sind wie Antennen zur Geistigen Welt. Das Erkennungszeichen der Erdenengel ist übrigens eine weiße Feder. Du bist so süß, wenn du lächelst, liebe Leserseele.

Erdenengel sind Meister der Energieübertragung, sie sind Meister für lichtvolle Angelegenheiten, wie zum Beispiel das Mentor-Sein.

Das Tun ist der Grund, warum du hier bist, du vereinst das Leben und den Himmel, indem du selbst Hand anlegst. Du lebst und schwebst gleichzeitig.

Wie sehr ich dich liebe, wie sehr…

Dein Schutzengel."

Über die Autorin

Sarinah Aurelia gab 2008 ihren Beruf auf, um mit ganzer Kraft für das Licht zu wirken. Es entstand ein lebhafter, lichtvoller und liebevoller Kontakt zu der Galaktischen Föderation des Lichts, den Erzengeln und geistigen Mentoren. Die Durchsagen bieten die Möglichkeit, die Hände denjenigen entgegenzustrecken, die uns mit Sehnsucht dort erwarten, wo einst der Ausgangspunkt für unsere Reise auf die Erde war.

Sarinah Aurelia
Gespräche mit deinen Engeln
120 Seiten, A5, broschiert
ISBN 978-3-95531-154-4

Der Alltag und die täglichen Pflichten lassen uns oft vergessen, dass wir nicht allein, sondern die himmlischen Freunde immer da sind, um uns, wo immer es geht, zu helfen. Sie heilen uns und richten uns wieder auf.

Beim Lesen öffnet sich ein gemeinsamer Energieraum, in dem wir Energie tanken können. Wir dürfen uns wohlig entspannt zurücklehnen und die heilende Nähe der himmlischen Freunde genießen.

Unter anderem teilen sie uns hier in klaren Worten mit, wie wir Engelberührungen fühlen, Seelenjäger erkennen können und was es mit dem Scheinheiligenschein auf sich hat. Und: Kann man die Geistige Welt riechen?

Sarinah Aurelia
Seelenverträge Band 12
Lichtwerdung – Und dann passiert das Leben
296 Seiten, A5, broschiert
ISBN 978-3-95531-161-2

Seelenverträge Band 12 führt nicht nur in die unendliche Liebe, die uns in unser wahres Sein führt, sondern ist auch ein Wegbegleiter in dieser heftigen Zeit. Ein Ratgeber, in den man immer wieder eintauchen kann, der liebevoll erinnert, Antworten gibt, bei Transformationen hilft und schließlich heilt.

Der Schöpfer, die Erzengel, Aufgestiegenen Meister und berühmten Räte des Lichts sprechen jeden Einzelnen persönlich an, wodurch sich ein wohltuender Energieraum öffnet, in dem wir unsere himmlischen Freunde treffen, die mit uns durch unser Leben gehen.

Lasst uns gemeinsam durchs Leben wandern! Lasst die Engel uns berühren! Lasst uns gemeinsam eine bessere Welt erschaffen!

Julian Weit
Mit Achtsamkeit zur Göttlichkeit
Ein Weg zu dir selbst
184 Seiten, A5, broschiert
ISBN 978-3-95531-172-8

Es gibt nichts zu suchen und nichts zu finden. Niemanden, der erwacht ist, und niemanden, der nicht erwacht ist. Es gibt nur „jemanden", der eingewickelt ist in „falsche" Vorstellungen, was er glaubt, zu sein, und deshalb auch nur das von sich erfährt. Und je mehr er sich entwickelt – auswickelt aus diesen Vorstellungen –, desto mehr erfährt er von sich und seinem wahren Wesen. Das ist alles!

Es gibt nur die Einheit. Und dieses Eine ist in der Entwicklung. Es ist dabei, sich an seine wahre Identität und Großartigkeit zu erinnern. Je mehr es nach innen geht, desto mehr wickelt es sich aus seinen Vorstellungen aus. Wenn es dann so weit in sich gegangen ist, dass es sich an seine eigene Wirklichkeit erinnert, erfährt es seine wahre Identität, seine Großartigkeit und seine Allgegenwart.